Magna Carta et autres adresses

William D. Guthrie

Writat

Cette édition parue en 2023

ISBN : 9789359250168

Publié par
Writat
email : info@writat.com

Contenu

MAGNA CARTA

Pour CELUI QUI ÉTUDIE les institutions américaines, il doit paraître singulièrement impressionnant et instructif que les membres de la Convention constitutionnelle de l'État de New York aient fait une pause dans leur important travail visant à célébrer le sept centième anniversaire de la Grande Charte des libertés anglaises et à examiner remontons avec respect à travers les siècles aux sources de notre droit constitutionnel et à l'époque où nos ancêtres jetaient les bases de la liberté civile et de la justice politique. Il n'est en effet pas exagéré d'affirmer que la Magna Carta a marqué la plus grande époque politique de l'histoire de notre race, dans la mesure où elle a empêché l'Angleterre de devenir l'un des despotismes arbitraires et dégradants qui sont apparus en Europe après le renversement du système féodal. et que de ses principes est né un gouvernement représentatif et constitutionnel, avec tout ce que ces termes sont devenus pour les Américains. Cette cérémonie doit encore une fois souligner la grande vérité selon laquelle tout ce qui a le pouvoir de gagner l'obéissance et le respect des hommes doit avoir ses racines profondes dans le passé, et que plus les institutions se sont développées lentement, plus elles sont susceptibles de se révéler durables.

Il y a deux cent dix-huit ans, le gouverneur royal de New York aurait déclaré à l'assemblée législative de la colonie : « Aucun d'entre vous ne jouit des privilèges de la Magna Carta. » Et aujourd'hui, Monsieur le Président, ne peut-on pas dire avec autant de force et de fierté qu'il n'y a pas d'Américains qui ne bénéficient pas des privilèges de la Magna Carta ? Puisse cela continuer à être vrai longtemps ! Faire en sorte que l'esprit de ces privilèges perdure pour toujours, dans la mesure où cela dépend du pouvoir humain, est le devoir le plus élevé et le plus noble de toute convention constitutionnelle américaine.

D'autres intervenants traiteront des aspects historiques et politiques de la Magna Carta ainsi que de ses rééditions et confirmations par roi après roi et parlement après parlement. Je dois parler de la valeur juridique de certains des éléments cardinaux de la Grande Charte en tant qu'antécédents de principes étroitement liés à notre vie politique actuelle et qui continuent de revigorer notre système de droit constitutionnel. Mais mon traitement de cet aspect vaste et important du sujet doit nécessairement être inadéquat, compte tenu du temps limité dont vous disposez.

Il est sans aucun doute vrai que la Magna Carta contenait une grande partie de ce qui était ancien en 1215 et beaucoup de ce qui est devenu par la suite obsolète parce qu'inapplicable à l'évolution des conditions ; Pourtant, il s'est ensuite cristallisé et a servi à perpétuer les principes fondamentaux des libertés des Anglais. Confirmé solennellement pas moins de trente-sept fois par sept rois d' Angleterre, il devint naturellement aux yeux des Anglais l'incarnation de leurs droits et libertés les plus profonds et les plus solidement enracinés et leur grand et émouvant cri de bataille contre la tyrannie. La réédition de 1225 reste toujours en vigueur dans les lois anglaises, de sorte que, comme l'a récemment dit un historien anglais, chaque acte figurant sur les lois est en un sens un acte modifiant la Magna Carta.

L'esprit de la Magna Carta, tel qu'il a ainsi survécu, a inspiré les Anglais et les Américains pendant des siècles, même si sa lettre est peut-être morte et que la plupart de ses dispositions sont devenues obsolètes depuis longtemps et que leur sens exact est caché sous les ruines du passé. En effet, les dispositions de la Grande Charte ont été fréquemment violées par le roi et le parlement après 1215, et ont été laissées à l'abandon pendant des générations ; mais il ne fait aucun doute que, si les principes qu'ils incarnaient avaient été observés, ils auraient assuré à l'Angleterre une liberté politique permanente et un gouvernement constitutionnel bien avant le XVIIe siècle, et que seul le non-respect de ces principes a rendu possible les cinq siècles de tyrannie et d'oppression. enregistré par l'histoire anglaise.

Il se peut également, comme le prétendent maintenant certains historiens de l'école scientifique, que les auteurs de la Grande Charte et les représentants de l'Église anglaise, du baronnage et du peuple se sont rassemblés dans les prés de Runnymede le 15 juin 1215, avait peu ou pas de compréhension de la science politique ou des principes constitutionnels tels que nous les comprenons. Il est probablement vrai qu'ils n'avaient pas de conception très précise de la théorie du gouvernement représentatif, ou de la séparation des pouvoirs gouvernementaux, ou de ces droits inaliénables de l'individu que notre Déclaration d'Indépendance devait proclamer plus tard, tout comme c'est probablement vrai. que très peu d'entre eux savaient même lire la langue dans laquelle la charte était rédigée. Mais les hommes d'État et les juristes, lorsqu'ils abordent les problèmes pratiques du gouvernement constitutionnel, ne minimiseront pas la valeur de la Magna Carta, ni notre dette envers la génération qui l'a forcée à abandonner le roi Jean, simplement parce que les principes sous-jacents n'ont peut-être pas été pleinement compris par ses auteurs. les encadreurs et ses traditions peuvent être basés sur des légendes et des mythes. Il suffit que la Charte contienne le germe et l'esprit de la liberté civile et de la justice politique.

On peut admettre que les auteurs de la Magna Carta ont construit mieux qu'ils ne l'imaginaient, et de même que bon nombre des traditions quant à l'intention, au sens et à la portée de ses dispositions – traditions si puissantes et si inspirantes aux XVIIe et XVIIIe siècles – ont été fondé, comme on l'affirme maintenant, sur des légendes et des mythes. Pourtant, ces légendes et traditions, qui ont grandi et se sont regroupées autour de la Magna Carta, ont servi à maintenir vivante et à perpétuer son esprit. Ils ont généré le sentiment qui a poussé les hommes au sacrifice patriotique et héroïque pour la cause de la liberté ; ils ont soutenu génération après génération dans les luttes récurrentes pour la justice politique et l'égalité devant la loi ; ils formèrent et préservèrent une moralité publique qui empêchait les violations des principes de la Grande Charte, et ils furent d'une inspiration et d'un encouragement incalculables pour les Anglais et les Américains, sinon pour le monde entier. Les grandes traditions de la Magna Carta ont rendu son patrimoine particulièrement précieux et son service rendu à l'humanité immortel. C'est à cause de ces traditions que la Magna Carta est doublement sacrée pour nous, comme elle l'était pour nos ancêtres.

Beaucoup d'entre nous, cependant, osent croire que l'auteur inconnu des articles originaux des Barons ou de la Grande Charte elle-même - si ce n'était le savant Stephen Langton, qui avait fait ses études à l'Université de Paris et était familier avec l'art romain et le droit canonique et les chartes de libertés que les rois de France accordaient à leurs sujets – en connaissaient bien plus sur les principes sous-jacents et vivifiants de la jurisprudence et de la politique que certains de nos critiques modernes ne sont prêts à attribuer à cette génération. Quoi qu'il en soit, l'instinct politique de notre race a dû guider les auteurs vers les vérités éternelles sur lesquelles était basée la Grande Charte des Libertés, même s'ils ne les ont pas parfaitement comprises, ou ne les ont pas comprises du tout. Une seule phrase comme « la loi du pays » dans un document politique est souvent plus sage que ne le pensent, non seulement les masses qui l'acclament, mais même les dirigeants qui l'écrivent. Il peut heureusement servir à préserver et à comprimer dans un très petit espace les reliques de la sagesse ancienne, même si les générations ultérieures sont souvent perplexes lorsqu'il s'agit d'en déchiffrer le contenu et d'en découvrir le sens. Une telle phrase, comme on l'a bien dit à propos du langage d'une nation, « enferme parfois des vérités qui étaient autrefois bien connues, mais qui, au cours des âges, ont disparu et ont été oubliées. Dans d'autres cas, elles contiennent les germes ». de vérités dont, bien qu'elles n'aient jamais été clairement discernées, le génie de ceux qui les ont inventés a entrevu dans un heureux moment de divination, ... et souvent il semblerait que des rayons de vérités, encore au-dessous de l'horizon intellectuel, était apparu à l'imagination alors qu'elle regardait vers le ciel. [2]

Au premier rang des principes cardinaux de la Magna Carta figurait l'idée, alors recommençant à germer dans toute l'Europe, que l'individu a des droits naturels à l'égard du gouvernement et que ces droits devraient lui être garantis par des lois fondamentales qui devraient être inaltérables. par le roi ou le conseil. Personne ne peut étudier l'histoire de la politique européenne au cours du grand XIIIe siècle constructif sans être impressionné par le fait de la renaissance de cette conception dans les esprits, non seulement en Angleterre, mais sur le continent, où elle s'est manifestée sous des formes diverses et dans différentes connexions. Je dis réveil, parce que la même conviction avait prévalu des centaines d'années auparavant en Grèce et à Rome ; mais il était perdu depuis des siècles.

L'idée selon laquelle les lois fondamentales du pays – les pieuses et bonnes vieilles lois d'Alfred et d'Edward, comme les appelaient les Anglais, ou *les lois Les principes fondamentaux* , comme les Français les appelaient alors, étaient inaltérables et que tout règlement gouvernemental, tout édit ou toute loi contraire devait être traité comme nul et nul, est clairement énoncé dans le premier chapitre de la Magna Carta, où le roi Jean accorde à les hommes libres du royaume « toutes les libertés souscrites, qui doivent être eues et détenues par eux et leurs héritiers, de nous et de nos héritiers pour toujours », et au chapitre soixante et un, où le roi s'engage à « n'acquérir de personne , directement ou indirectement, par lequel une partie quelconque de ces concessions et libertés pourrait être révoquée ou diminuée ; et si une telle chose a été obtenue, qu'elle soit nulle et nulle. " Il est certain qu'aux XIIIe et XIVe siècles prévalait généralement en Angleterre la théorie selon laquelle les concessions et libertés de la Grande Charte étaient accordées pour toujours et étaient inaltérables par le roi, ou même par le Parlement. Ainsi, nous voyons le Parlement promulguer en 1369, avec le consentement d'Édouard III, que la Grande Charte des Libertés doit être « tenue et respectée en tous points, et si une loi contraire est adoptée, elle ne sera valable pour personne. "

L'un des critiques érudits de la Magna Carta suggère que cette loi de 1369 était une « théorie assez illogique » de la part du Parlement, car, pour reprendre ses termes, « si le Parlement avait le pouvoir de modifier les termes sacrés de la Magna Carta, il pouvoir de modifier le statut moins sacré de 1369 qui le déclarait inaltérable. [3] La réponse concluante à ce genre de raisonnement, du moins telle qu'elle doit paraître aux hommes d'État et aux juristes, est que la Magna Carta était alors considérée comme quelque chose de très différent et de bien supérieur à n'importe quelle loi ordinaire. Les gens de cette époque auraient protesté, si la logique du Parlement avait été contestée par les érudits, que la Magna Carta était une charte permanente des libertés et, en tant que telle, n'était pas sujette à amendement ou à annulation par une simple loi. Mais logique ou illogique comme l'acte de 42 Édouard III. peut-être l'était-il à l'époque, ou peut sembler l'être aux logiciens du XXe siècle, cela sert à montrer qu'au XIVe siècle le peuple anglais comprenait et voulait, et le roi et le parlement étaient expressément d'accord et concédaient, que les libertés garanties par la Grande Charte, puis confirmée à maintes reprises, étaient inaltérables, et que toute loi contraire ne devait être « retenue pour personne ».

L'esprit de cette déclaration est toujours présent dans chaque constitution américaine. Nous avons certainement ici l'antécédent du grand principe directeur qui sous-tend toute la structure du droit constitutionnel américain, selon lequel toute loi en conflit avec les lois fondamentales, dans la mesure où nous jugeons opportun de les perpétuer dans des dispositions constitutionnelles, sera nulle et nulle, en le langage de la Grande Charte, ou retenu pour personne, dans le langage de l'époque d'Édouard III. Le juge en chef Marshall dans la grande affaire Marbury c. Madison, en 1803, ne faisait que suivre ces anciennes déclarations lorsque, parlant au nom de la Cour suprême des États-Unis, il établit — nous l'espérons pour toujours — la doctrine bienfaisante et indispensable selon laquelle une loi contraire à une constitution américaine doit être traitée par la tribunaux comme nuls et nuls et retenus pour personne.

Je n'oublie pas que cette idée de lois fondamentales immuables par statut a longtemps dormi en Angleterre, et que le contraire, la suprématie légale du Parlement, a été établi ultérieurement. En étudiant cet aspect de la Grande Charte, nous devons nous rappeler que les conditions de vie en Angleterre aux XIIIe et XIVe siècles étaient beaucoup plus simples que celles existant plus tard, et qu'on ne se rendait pas alors compte, ou tout au plus vaguement et vaguement, que le pouvoir législatif pouvait changer les lois réglementant les droits et devoirs des individus entre eux ou dans leurs relations avec le gouvernement. L'habitude moderne d'imaginer que la législation est la panacée à tous les maux et de mesurer l'efficacité d'un gouvernement au nombre de lois qu'il a produites était inconcevable. La seule fonction législative dans l'esprit des Anglais aux XIIIe et XIVe siècles était probablement la fiscalité, et jusqu'à présent, les hommes ne se rendaient guère compte de la nécessité de pouvoirs réglementaires ou législatifs plus larges.

Néanmoins, la doctrine selon laquelle les principes fondamentaux permanents du droit du pays garantis par la Magna Carta étaient inviolables a prévalu en Angleterre longtemps après le XIVe siècle et a en fait été déclarée par les tribunaux anglais jusqu'au XVIIe siècle. Le cas de Bonham est l'exemple le plus connu de la reconnaissance de cette doctrine. Les opinions des avocats, des juges et des hommes d'État anglais ont changé à cet égard, et il est désormais établi que le Parlement est suprême et qu'il peut amender ou abroger la Magna Carta à tout égard qu'il juge opportun. Ce changement de point de vue a sans aucun doute été accepté sans réserve, en partie à cause de la nécessité d'amender la loi afin de faire face à l'évolution des conditions, en partie à cause de la réticence du peuple anglais à laisser les questions de pouvoir constitutionnel aux tribunaux, compte tenu de la dépendance des juges à l'égard de la couronne, mais principalement en raison de la conviction que le parlement existait principalement dans le but même de faire respecter et de protéger les droits et libertés garantis au peuple par la Grande Charte des libertés, et que le peuple pouvait compter sur le parlement à ne jamais consentir à la violation de ces droits et libertés.

À maintes reprises, depuis le XVIIe siècle jusqu'à nos jours, la législation a été critiquée en Grande-Bretagne et en Irlande au motif qu'elle était en conflit avec la Magna Carta, et toujours l'argument le plus fort et le plus efficace contre une législation proposée a été qu'elle violerait les principes de la Grande Charte des Libertés. Au cours des trente dernières années, des observateurs réfléchis de la politique anglaise ont remarqué que la propriété privée en Angleterre est, dans l'ensemble, moins à l'abri des attaques de la part du gouvernement de nos jours qu'elle ne l'était à l'époque des Stuart. Chaque fois que l'augmentation de la législation de classe et les attaques contre la propriété privée amèneront les Anglais à mettre des contrôles et des restrictions sur le pouvoir des majorités temporaires, afin de protéger plus efficacement les droits personnels et de propriété - un événement qui, je crois, doit inévitablement se produire plus tôt. ou plus tard - alors le cri de guerre émouvant sera à nouveau la Magna Carta, et le résultat pourrait être un retour à l'esprit des déclarations de la Magna Carta et du statut d'Édouard III, selon lequel tout statut contraire à la loi du pays garantissant les droits et libertés fondamentaux de la personne humaine est nul et nul et n'est valable pour personne. Et pour que ce principe ancien, solide et honnête protège réellement efficacement l'individu et les minorités, les tribunaux de justice d'Angleterre pourraient enfin être habilités, comme ils le sont chez nous, à refuser de donner force et effet et à retenir pour aucune loi n'est en conflit avec la loi fondamentale du pays.

D'une importance non moins vitale que l'idée d'une loi permanente du pays sauvegardant les droits et libertés fondamentaux de l'individu, était la déclaration expresse dans le premier chapitre de la Magna Carta selon laquelle l'Église anglaise, Anglicana ecclesia, devait être libre de toute *ingérence* . de la part de la couronne et que ses droits soient entiers et ses libertés inviolables. Dans cette disposition, nous avons le germe d'une Église indépendante et l'idée de la séparation de l'Église et de l'État.

Il est raisonnable de supposer et, compte tenu des circonstances environnantes et du langage alors employé, il est hautement probable que, sous la direction de Langton, né de parents anglais et intensément patriote, probablement lui-même l'auteur de la clause, le Les hommes d'Église de cette époque pensaient que la religion du peuple anglais devait être libre de tout contrôle gouvernemental et que l'Église anglaise avait des intérêts et des privilèges indépendants de la couronne et également indépendants des intérêts et de la politique de Rome. A cette époque même, les ecclésiastiques anglais, en coopérant avec les barons et le peuple anglais pour garantir la Magna Carta, agissaient contre la volonté de Rome ; en effet, comme nous le savons, le Pape a rapidement dénoncé la Grande Charte et le primat patriote, parce qu'il considérait que la Grande Charte portait atteinte à la dignité du roi Jean en tant que vassal du Saint-Siège. Dans cette disposition de la Magna Carta relative à l'Église anglaise, même si elle a été ignorée pendant des siècles, nous reconnaissons l'idée de liberté religieuse et le principe politique américain de séparation de l'Église et de l'État, ainsi que, bien que vaguement, le grand principe qui sous-tend la noble déclaration contenue dans la constitution de notre propre État selon laquelle « le libre exercice et la jouissance de la profession religieuse et du culte, sans discrimination ni préférence, seront à jamais autorisés dans cet État à toute l'humanité ».

Les dispositions de la Grande Charte relatives à l'administration de la justice étaient sans aucun doute celles qui préoccupaient le plus le peuple dans son ensemble, car elles étaient certainement, si elles étaient respectées, les plus essentielles à la sécurité de leurs libertés. Les fondateurs savaient que c'était devant les tribunaux que le roi d'Angleterre tiendrait ses promesses, voire pas du tout, et que le gouvernement du roi ne serait aussi bon que si ses juges étaient instruits, indépendants et impartiaux. Dans ces dispositions de la Magna Carta , nous trouvons le principe de séparation et d'indépendance du pouvoir judiciaire et les conceptions les plus saines et les plus élevées de l'administration de la justice, conceptions bien en avance sur celles que l'on trouve dans tout autre document ou texte de cette époque.

Les auteurs avaient compris la grande vérité selon laquelle la jurisprudence est une science, que le droit doit être administré par des hommes instruits dans cette science et tenus d'obéir à ses règles et de suivre ses précédents, que l'uniformité et la certitude sont essentielles à l'administration de la justice, et que la liberté politique la plus élevée est le droit à la justice conformément à la loi et non selon la volonté du juge ou de son maître, ou selon la discrétion individuelle du juge, ou selon ses notions du bien et du mal. Ils étaient également arrivés à la conclusion que tout Anglais avait droit de plein droit à une journée devant un tribunal qui entendrait avant de condamner, qui procéderait sur avis et enquête, et qui ne rendrait son jugement qu'après un procès équitable. Les simples gens d'Angleterre savaient très bien que la lutte pour leurs anciennes lois – les lois de leur pays, pieuses, bonnes, fixes et permanentes, comme ils le croyaient dévotement – serait vaine s'ils n'obtenaient pas de tribunaux permanents et n'apprenaient pas, des juges indépendants et impartiaux ; et ils sentaient instinctivement, s'ils ne s'apercevaient pas clairement, que la loi est infiniment plus sage que ceux qui peuvent être appelés à l'administrer, et que, comme Aristote l'avait déclaré quinze cents ans auparavant, « chercher à être plus sage que les lois » C'est précisément ce qui est interdit par les bonnes lois. »

C'est la Magna Carta qui a établi en Angleterre la doctrine de l'État de droit administré dans des tribunaux fixes par des juges érudits et indépendants tenus d'obéir à la loi ; et c'est la Magna Carta qui a établi la plus grande de toutes les doctrines constitutionnelles anglaises, celle de la suprématie de la loi sur tout fonctionnaire, aussi élevé soit-il. Lorsque la Grande Charte fut traduite et expliquée dans les cathédrales, les églises et les monastères d'Angleterre, le peuple comprit pleinement l'importance et la valeur immenses pour lui, déterminés qu'ils étaient à établir un État de droit et à mettre fin aux décrets arbitraires, de la célèbre alliance du chapitre quarante-cinq selon laquelle le roi « nommerait comme juges, connétables, shérifs ou huissiers uniquement ceux qui connaissent la loi du royaume et entendent bien l'observer », et les alliances du chapitre dix-sept selon lesquelles « les plaidoyers communs ne suivront pas notre tribunal, mais auront lieu dans un lieu fixe » - au chapitre dix-huit que les petites assises devraient se tenir au tribunal de comté - au chapitre trente-six que le bref d'inquisition devrait être librement « accordé, et jamais nié » – au chapitre quarante que « à personne nous ne vendrons, à personne nous ne refuserons ou ne retarderons le droit ou la justice », qui avec le temps a fini par être interprété comme une garantie universelle de justice libre et impartiale pour toutes les classes élevées. et faible.

Pendant de nombreuses générations, en Angleterre et en Amérique, on a cru que le bref d'habeas corpus, considéré à juste titre comme le grand rempart de la liberté personnelle, avait sa garantie directe ou du moins son antécédent dans la Magna Carta. Telle était l'affirmation des avocats dans l'affaire des Cinq Chevaliers de 1627, et telle était la déclaration de la Pétition de Droit de 1628. Ce point de vue est maintenant contesté au motif que la procédure exacte développée par la suite n'était pas prévue dans la Magna Carta et n'était pas dans l'esprit de ses auteurs. Même si tel était le cas, le principe sous-jacent du chapitre trente-six et sa promesse selon laquelle le mandat d'inquisition devrait être librement « accordé et jamais refusé » ont naturellement conduit avec le temps, après le procès au combat, au droit d'un procès rapide. inquisition par grand jury et procès par petit jury. Quoi qu'il en soit, on a supposé pendant des siècles que le principe de l'ordonnance d'habeas corpus était inscrit dans la Magna Carta.

Le professeur Dicey, qui donnait une conférence à Oxford sur "Le droit constitutionnel", a fait remarquer à juste titre que, bien que les lois anglaises d'Habeas Corpus ne déclarent aucun principe et ne définissent aucun droit, elles valent, dans la pratique, une centaine d'articles constitutionnels garantissant la liberté individuelle. Comme en Angleterre, ainsi chez nous. Sans l'ordonnance d'habeas corpus, il n'y aurait pas de liberté digne de ce nom ni de droits à la liberté personnelle ayant une quelconque valeur pratique. Il suffit de lire les principales décisions de nos tribunaux pour comprendre à quel point le bref a joué et joue encore dans la garantie et l'application des principes fondamentaux de la liberté américaine.

Les chapitres douze et quatorze de la Magna Carta traitaient du sujet de la fiscalité et posaient les bases de notre système représentatif et de la séparation du pouvoir législatif et du pouvoir exécutif. Comme cela a été suggéré, la seule fonction législative que le peuple anglais du XIIIe siècle considérait comme susceptible de l'affecter de près ou de susciter un grief pressant était celle de l'impôt. Il était donc expressément prévu dans la Grande Charte qu'en dehors des trois aides féodales existantes, plus ou moins fixées, le pouvoir de lever des impôts ne devrait pas être exercé sans le consentement du *consilium communal* . Ce conseil commun est le corps qui deviendra cinquante ans plus tard le célèbre parlement de Simon de Montfort de 1265.

Dans les controverses sur la fiscalité qui ont surgi par la suite, que ce soit au Parlement, devant les tribunaux ou dans le forum de l'opinion publique, on a toujours insisté sur le fait que la Magna Carta empêchait l'imposition sans le consentement du Parlement, tout comme au XVIIIe siècle nos ancêtres prétendaient que la Magna Carta empêchait l'imposition sans représentation, c'est-à-dire empêchait l'imposition d'impôts sauf par un organe législatif dans lequel les contribuables étaient représentés. Il suffit de se référer aux arguments des grandes affaires constitutionnelles portées devant les tribunaux d'Angleterre au XVIIe siècle, comme la célèbre affaire des Impositions sous le règne de Jacques Ier et l'affaire encore plus célèbre de Ship-Money sous le règne de Jacques Ier. de Charles Ier, pour comprendre à quel point le peuple comptait sur la Magna Carta pour établir la doctrine selon laquelle le Parlement seul pouvait imposer des impôts.

Les avocats de Bate dans le premier cas et de Hampden dans le second n'ont peut-être pas compris la théorie philosophique de la séparation des pouvoirs gouvernementaux élaborée par Montesquieu au siècle suivant, et ils n'ont peut-être pas soutenu que l'impôt était essentiellement une fonction législative et , ne pouvait donc être exercé par le roi ; mais en dernière analyse, ils ont affirmé ces principes lorsqu'ils ont affirmé que le Parlement seul pouvait imposer des impôts. Le jugement de la majorité du tribunal dans l'affaire Ship-Money, comme celui dans l'affaire des Impositions, était en faveur de la couronne, mais l'appel au pays a coûté la tête à Charles Ier et a finalement abouti à l'acquisition au Parlement le pouvoir exclusif de légiférer et donc de taxer. Si l'Angleterre avait alors eu un système judiciaire indépendant chargé du devoir de faire respecter la loi fondamentale du pays, la levée des impôts dans ces deux cas aurait été considérée comme contraire à la lettre, comme elle était certainement contraire à l'esprit, de Grande Charte.

Ce n'est pas une réponse de dire que le parlement d'aujourd'hui trouve son prototype non pas dans l'ancien conseil commun évoqué dans la Magna Carta, mais dans le parlement de 1265, ni de dire que l'idée d'impôt dans son aspect abstrait n'est pas une réponse. la forme est essentiellement moderne et était tout à fait inconnue en 1215. Je ne suggère pas que le peuple anglais de 1215 ou même de 1265 comprenne les vertus du système représentatif, ou les principes de l'impôt ou de la séparation des pouvoirs. Le fait est que la conséquence directe des dispositions de la Magna Carta était un parlement fondé, du moins en théorie, sur l'idée représentative ainsi que sur le principe selon lequel il ne pouvait y avoir de législation sans le consentement du Parlement.

Le plus célèbre de tous les chapitres de la Magna Carta et le plus important et le plus profond d'un point de vue juridique est sans aucun doute le trente-neuvième, qui dispose qu'« aucun homme libre ne sera pris, emprisonné, disséqué, exilé ou de quelque manière que ce soit » . détruit, et nous n'irons pas contre lui ni n'enverrons contre lui, sauf par le jugement légitime de ses pairs ou par la loi du pays.

La substance de cette disposition concernant « la loi du pays », ou son équivalent « procédure régulière », est d'application universelle à travers les États-Unis en tant que limitation constitutionnelle des pouvoirs du gouvernement, et on ne peut pas constater que seulement dans la Constitution des États-Unis, mais dans la constitution de chaque État de l'Union. Il est désormais fermement établi dans le droit constitutionnel américain et anglais, et chacun le sait, que les termes « the law of the land » et « due process of law » sont exactement équivalents dans leur sens, ainsi que dans leur force et leur effet juridiques. La première utilisation de l'expression « procédure régulière » dans les constitutions américaines semble avoir eu lieu dans le cinquième amendement à la Constitution des États-Unis, ratifié en 1791. Aucune des constitutions d'État alors en vigueur ne contenait ce terme, mais presque toutes d'entre eux ont utilisé l'expression « la loi du pays ». L'expression « procédure régulière » se trouve dans la Déclaration des droits de New York de 1787.

Jusqu'à ces dernières années, on avait supposé que l'expression « le jugement légitime de ses pairs » dans la Magna Carta signifiait un procès devant jury selon la compréhension moderne de ce terme, et que l'expression « la loi du pays » signifiait des lois conformes aux ces principes fondamentaux de justice qui protègent chaque individu dans la pleine jouissance de la vie, de la liberté et de la propriété à l'abri de l'exercice arbitraire des pouvoirs du gouvernement. C'est toujours le sens juridique technique de ces deux termes tant en Angleterre qu'en Amérique, bien que leur effet pratique et leur fonctionnement soient différents chez nous, en raison de notre système de constitutions écrites que le pouvoir législatif ne peut ignorer ou violer. Ces deux sens, cependant, sont aujourd'hui contestés par certains critiques comme étant sans fondement ni dans les dispositions ni dans l'histoire de la Grande Charte.

Certains historiens soutiennent que la disposition familière de la Magna Carta ne pouvait pas signifier un procès par un jury de douze personnes et un verdict unanime, car un tel jury, selon nos connaissances actuelles, n'existait pas avant la seconde moitié du XIVe siècle . Mais peu importe que la forme exacte de notre procès devant jury existait en Angleterre en 1215, ou lorsque la Grande Charte fut rééditée ou confirmée par la suite, pourvu que les bases du système aient alors été posées. Il nous suffit que les antécédents du système de jury moderne dans ses trois formes de grand jury, de jury pénal et de jury civil existaient à l'époque de la Magna Carta et aient été préservés par celle-ci. Au fur et à mesure que le système du jury se développait, avec les changements inévitables qui accompagnaient toutes ces institutions de procédure et de mécanisme judiciaires, la forme pour le moment, quelle que soit sa nature exacte, devenait « le jugement légitime de ses pairs » dans l'intention et le sens de la Grande Charte. . Quoi qu'il en soit, les dernières confirmations de cet instrument ont eu lieu à une époque où le système du jury tel qu'il est actuellement en vigueur était en train d'être solidement établi. Il est donc facile de comprendre comment la disposition "le jugement légitime de ses pairs" en est venue à être considérée au fil du temps comme destinée à garantir au jury de common law composé de douze personnes l'unanimité dans le verdict.

Ainsi, bon nombre, sinon la plupart, de nos dispositions constitutionnelles s'appliquent désormais à des conditions qui ne sont pas du tout envisagées par leurs auteurs, bien que cela soit clairement conforme au principe énoncé et à l'esprit du langage utilisé. Une grande partie de l'efficacité de nos déclarations des droits fédérales et étatiques, ou de toute disposition similaire que cette Convention pourrait incorporer dans la nouvelle constitution, serait pratiquement annulée si le langage utilisé devait être interprété comme étant limité aux conditions particulières existant lorsqu'elles ont été adoptés. C'est l'esprit et les principes élargis des dispositions constitutionnelles qui devraient toujours prévaloir. La lettre tue .

Une charte des libertés, une déclaration des droits ou une constitution ne sont pas un texte éphémère conçu pour remplir uniquement les conditions existant au moment de son adoption. Il incarne et perpétue des principes permanents. Il est conçu pour durer « pour toujours », dans le langage de la Magna Carta, et « pour s'approcher de l'immortalité aussi près que les institutions humaines peuvent s'en approcher », selon la noble expression de Marshall, le grand juge en chef des États-Unis. Selon toute autre règle d'interprétation, la Magna Carta serait devenue obsolète bien avant la découverte de l'Amérique.

Par l'expression « la loi du pays », au chapitre trente-neuf, les principes fondamentaux et les axiomes de la loi existante étaient perpétués. Ce que ces principes et axiomes fondamentaux étaient alors compris n'est pas aujourd'hui susceptible d'être exposé avec précision. Les juges et les gens de cette époque avaient certainement des idées précises sur les règles de conduite raisonnablement justes et fixes, adéquates pour résoudre les questions simples soulevées dans les controverses alors soumises au jugement. Si les juges avaient été pressés de donner une définition globale ou philosophique du « droit du pays », ils auraient pu dire qu'ils n'essaieraient pas de définir ce terme pas plus qu'ils ne tenteraient de définir la justice elle-même, et que, comme le disait la Cour suprême, Cour des États-Unis l'a déclaré il y a seulement quelques années, il est préférable de vérifier l'intention d'une phrase aussi importante dans un grand document constitutionnel par le processus progressif d'inclusion et d'exclusion judiciaire, selon l'expérience pratique et les cas présentés pour décision. peut nécessiter; en d'autres termes, que leurs décisions, avec le temps, déclareraient et perpétueraient suffisamment les principes du droit de

"Une terre au gouvernement sédentaire,
Une terre à la renommée juste et ancienne, Où la liberté s'élargit lentement, de précédent en précédent."

L'expression « la loi du pays », telle qu'elle est utilisée dans la Magna Carta, devait être destinée à l'époque à inclure la procédure ainsi que le droit matériel, mais le terme « procédure régulière de la loi », aujourd'hui son équivalent actuel, ne concernait à l'origine que à la procédure. On trouvera une utilisation très ancienne, sinon la plus ancienne, du terme « procédure régulière » dans une loi de l'année 1354, 28 Édouard III, dans laquelle il était stipulé que nul ne devait être condamné sans avoir été d'abord traduit en justice. répondre par une procédure régulière, la formulation exacte dans le pittoresque français normand de l'époque étant " *saunz estre mesne fr respons par due proces de lei* . " Alors qu'au même moment la Grande Charte était expressément confirmée "pour être conservée et maintenue en tous points", la disposition relative au *due proces de lei* dans l'acte de 1354 était sans aucun doute destinée à être complémentaire aux dispositions de la Grande Charte et pour s'appliquer uniquement aux personnes traduites en justice devant un tribunal de justice. Il est vrai qu'au XVIIe siècle, Lord Coke utilisait l'expression « procédure régulière » comme l'équivalent de « la loi du pays", mais dans la pétition de droit contemporaine de 1628, il est fait spécifiquement mention de la "Grande Charte des Libertés de l'Angleterre" et de ses dispositions concernant "la loi du pays", et il est fait référence séparément à l'acte du 28 Édouard III et sa disposition selon laquelle nul ne devrait être poursuivi « sans avoir été amené à répondre selon une procédure régulière » .

La même distinction dans l'utilisation de ces termes se retrouve dans l'histoire de la colonie de Plymouth dès 1636 ainsi que dans les débuts de l'histoire de l'État de New York. La Charte des libertés et privilèges de New York de 1683 parle de « être amené à répondre conformément à la loi », les mots étant évidemment tirés de l'acte d'Édouard III. de 1354, ou de la pétition de droit de 1628. La constitution de New York de 1777 utilisait le terme « la loi du pays » mais n'utilisait pas le terme « procédure régulière ». Dans la Déclaration des droits de New York de 1787, nous trouvons les expressions « la loi du pays », « une procédure régulière » et « une procédure régulière » et, dans une section, l'expression « une procédure régulière selon le lois du pays." Les deux termes, « la loi du pays » et « une procédure régulière », sont évidemment utilisés avec le même sens dans la constitution actuelle de l'État de New York, c'est-à-dire que « la loi du pays » est utilisée dans la section I de l'article I. et « procédure régulière » dans la section 6. L'histoire distincte de chaque section, la première apparaissant pour la première fois dans la constitution de 1777 et la seconde dans la constitution de 1821, expliquera la différence de terminologie. .

Il serait intéressant de retracer les diverses utilisations de ces termes dans les constitutions de nos quarante-huit États, mais cela doit être laissé à une autre occasion. La majorité des constitutions des États, y compris la plupart des constitutions récentes, contiennent désormais l'expression « procédure régulière ». Comme ce terme est celui utilisé dans le quatorzième amendement, qui est applicable à tous les États, il pourrait être préférable, dans un souci d'uniformité et de certitude, d'adopter cette forme car moins susceptible de prêter à confusion. En outre, l'expression « procédure régulière » se prête facilement à une définition plus complète et inclusive si nous définissons le mot « due » comme signifiant *juste et approprié* et le mot « processus » comme désignant *une disposition de fond* ainsi qu'une procédure.

Enfin, il peut être intéressant de remarquer les sanctions et les sécurités conçues pour faire respecter les engagements de la Magna Carta. Un corps ou tribunal de vingt-cinq barons, appelés exécuteurs testamentaires, fut créé par le chapitre soixante et un, qui devaient « être liés de toutes leurs forces, pour observer et détenir, et faire observer, la paix et les libertés que nous avons accordées ». et leur confirmé », et qui devaient avoir le pouvoir de contraindre le roi lui-même, même par la force, à tenir les promesses qu'il avait faites. La clause prévoyant cette sécurité ou sanction juridique était rudimentaire, mais ce n'était pas nécessairement une innovation impraticable. Bien que le plan ait complètement échoué, il restait en principe d'une immense valeur. Ce principe établissait le droit des sujets de contraindre le roi d'Angleterre à obéir à un corps de lois fixes en dehors et au-delà de sa volonté ; elle justifiait la révolution pour une juste cause et inspirait nos ancêtres dans leur lutte contre George III. L'influence de cette idée sur l'opinion publique en tant que justification de la révolution, en particulier aux XVIIe et XVIIIe siècles, ne peut être surestimée. L'inefficacité de cette disposition de la Magna Carta a également servi à démontrer la futilité d'un tel tribunal et de cette sécurité, et à conduire le peuple anglais à se tourner désormais uniquement vers les tribunaux et le parlement pour la protection de ses droits et libertés. Les fondateurs de nos propres gouvernements républicains ont peut-être été avertis par l'échec de cette sanction qu'il serait imprudent de créer un organe politique ayant le pouvoir de faire appliquer les dispositions constitutionnelles, et c'est peut-être pour cette raison qu'ils ont abandonné l'application des limitations constitutionnelles. et la protection de l'individu et des minorités à un forum indépendant et apolitique composé de juges impartiaux connaissant le droit et soucieux de « bien l'observer », selon l'esprit de la Magna Carta.

En conclusion de ses grands commentaires sur la Constitution des États-Unis, le juge Story a averti le peuple américain que, bien que toute la structure de notre liberté constitutionnelle ait été érigée par des architectes d'une habileté et d'une fidélité consommées, avec ses défenses imprenables de l'extérieur , elle pourrait néanmoins périr en une heure par la folie, la corruption ou la négligence de ses seuls gardiens, le peuple. On ne saurait en effet trop souvent affirmer que, pour que le gouvernement constitutionnel et les droits fondamentaux perdurent, ils doivent être maintenus et préservés par des dirigeants compétents et des représentants du peuple qui enseignent constamment la valeur des traditions de la Magna Carta et la nécessité d'y adhérer. aux principes constitutionnels et au respect de la moralité constitutionnelle. Il est peu probable que les membres de cette Convention négligent l'esprit vivant de la Grande Charte des Libertés anglaises et sa valeur durable pour les Américains. C'est Lincoln qui a déclaré qu'« en tant que nation d'hommes libres, nous devons vivre à travers tous les temps, ou mourir par suicide ». Mais nous ne perpétuerons le gouvernement libre et la liberté civile qu'en respectant deux conditions essentielles : l'une, que nos droits fondamentaux continuent d'être inviolables par l'État, l'autre, qu'ils soient égaux. « S'ils ne sont pas inviolables, ce ne sont pas des droits, mais seulement des jouissances de souffrance ; s'ils ne sont pas égaux, ils ne sont que les privilèges d'une classe, quelle qu'elle soit. » [4]

NOTES DE BAS DE PAGE :

[1] Discours devant la Convention constitutionnelle de l'État de New York lors de sa célébration du sept centième anniversaire de la Magna Carta, Albany, 15 juin 1915.

[2] Devine la vérité, 1ère série, 3e éd. (1847), pages 324-325.

[3] WS McKechnie, *Magna Carta* , 2e éd. (1914), p. 159.

[4] Edward J. Phelps, Discours et essais (1901), p. 127.

LE COMPACT DE MAYFLOWER [5]

Partout OÙ les Américains se rassemblent, chez eux ou à l'étranger, ceux qui peuvent revendiquer le fier héritage de descendance des pèlerins du Mayflower ont l'habitude de se joindre chaque année aux actions de grâces pour tout ce qu'ils doivent à leurs ancêtres. L'esprit qui anime ces célébrations est singulièrement sain et même saint. Parmi les instincts naturels du cœur, communs à toutes les races, figure le désir de communion avec le passé, qui se manifeste dans le culte des ancêtres. Que cet esprit de révérence ait été dès les premiers âges une force religieuse et patriotique des plus puissantes, c'est un fait qui nous est familier dans l'histoire des Égyptiens, des Grecs et des Romains. Nous nous souvenons facilement du beau cérémonial de la Rome païenne lors des *dies parentales* , lorsque des violettes, des roses, du vin, de l'huile et du lait étaient offerts et que *des aves* étaient chantés aux esprits de leurs morts.

Un exemple impressionnant de la survie de cet instinct dans les temps modernes nous est fourni par les Japonais qui, quotidiennement, dans d'innombrables sanctuaires domestiques et temples publics érigés en l'honneur du shintō, adorent leurs ancêtres comme les dieux du foyer et de la nation. Lorsque, il y a vingt ans, le Japon a vaincu si facilement l'Empire chinois, qui comptait dix fois la population du Japon, la surprise et l'émerveillement du monde ont poussé l'un des écrivains les plus brillants de notre génération à rechercher la source du courage, de l'esprit indomptable. et la valeur militaire des Japonais. Il ne s'attendait pas à le trouver dans leur forme de gouvernement ou dans leurs lois, car il réalisait la grande vérité selon laquelle de simples formes de gouvernement et de lois ne possèdent aucune vertu magique ou surnaturelle et ont peu d'importance dans les nations en comparaison avec le caractère moral des nations. leurs dirigeants et leur peuple. Il découvrit, comme il le croyait, que le secret de la puissance civile et martiale des Japonais et la source de leur énergie morale et de leur vertu (j'utilise la vertu dans le sens latin de vaillance) résidaient dans le culte vital et omniprésent de leur ancêtres, basé sur la croyance profondément enracinée selon laquelle toutes choses sont déterminées par les morts. Il trouva que cet hommage suscitait à la fois l'émotion la plus profonde et l'inspiration la plus puissante de la race, façonnant leur caractère national, dirigeant leur vie nationale, leur enseignant le respect, l'obéissance, la retenue, la tempérance, la loyauté, le courage, le dévouement et le sacrifice. et les rendant toujours conscients de la dette prodigieuse que le présent doit au passé, ainsi que profondément sensibles au devoir d'amour et de gratitude envers les défunts pour leurs travaux et leurs souffrances. "Ils", écrit-il avec éloquence, "ont créé tout ce que nous appelons civilisation, en nous faisant confiance pour corriger les erreurs qu'ils ne pouvaient s'empêcher de commettre. La somme de leur labeur est incalculable, et tout ce qu'ils nous ont donné devrait sûrement être très sacré, très précieux, ne serait-ce qu'en raison de la douleur et de la réflexion infinies que cela coûte. Et puis il ajouta : « Pourtant, ce que l'Occidental rêve de dire quotidiennement, comme le croyant shintō : « *Vous, ancêtres des générations, et de nos familles, et de nos parents, — à vous, les fondateurs de nos maisons, nous exprimons la joie de nos remerciements* '?" [6]

Dans l'esprit révérencieux si magnifiquement exprimé par cette prière japonaise, je me risque à un examen nécessairement bref et imparfait d'un sujet d'un intérêt transcendant et durable pour les Américains : la dette que le gouvernement constitutionnel américain, en vertu duquel nous jouissons des bénédictions de la liberté civile et religieuse. et de lois justes et égales, doit à vos ancêtres du Mayflower.

En ces jours de confort et de richesse suprêmes, il est difficile pour nous, rassemblés dans cette salle somptueuse, de festoyer mieux que les Césars ne festoyaient et ne servaient comme il y a trois cents ans même les princes n'étaient pas servis - il est difficile, voire impossible, de porter notre les esprits de ce luxe magnifique et presque oppressant remontent à travers les siècles jusqu'en novembre 1620, jusqu'au Mayflower recouvert de neige et de glace et secoué par les vents violents de l'hiver au large de la côte sombre et désolée de Cape Cod. Il est tout aussi difficile de s'imaginer et de respirer l'air de cette première convention constitutionnelle américaine, dans la cabine exiguë et glaciale du Mayflower, lorsque les Pères Pèlerins assistaient, comme le dit Bancroft, à « la naissance du vote constitutionnel populaire ». liberté", et discutaient des dispositions de ce qui a depuis été appelé la première constitution écrite jamais élaborée par un peuple pour son propre gouvernement depuis le moment où l'histoire a commencé à enregistrer la politique humaine et les succès et échecs humains. Je n'ai pas besoin de m'arrêter pour lire le contenu du projet achevé de cette constitution, conçu selon l'inspiration alors vague, qui, cent cinquante-six ans plus tard, devait être proclamée dans notre Déclaration d'indépendance comme une vérité évidente, à savoir que tout les gouvernements doivent tirer « leurs justes pouvoirs du consentement des gouvernés ». Je ne lirai pas non plus les noms des quarante et un immortels qui ont exécuté ce pacte afin de prouver leur engagement de consentement et leur promesse d'obéissance à ses dispositions et à son esprit. Sûrement, s'il y a un document constitutionnel qui devrait être familier à tous les Américains, et particulièrement aux descendants des pèlerins, c'est bien le Mayflower Compact du 21 novembre 1620. [7]

Beaucoup d'entre nous croient que le pacte ainsi conclu était le prototype de la Constitution des États-Unis, que le gouvernement qu'il a établi était le début de la forme républicaine de gouvernement maintenant garantie également à la nation et à l'État, et que le pacte qu'il contenait pour des lois justes et égales furent le germe à partir duquel s'est depuis développé tout notre système de jurisprudence constitutionnelle. Cette alliance se lit comme suit : "Nous ... faisons par ces présents solennellement et mutuellement en présence ᵈᵉ Dieu, et l'un de l'autre, nous engageons et nous unissons ensemble dans un corps politique civil , pour notre meilleur ordre, préservation et promotion de nous. ᵉ se termine ci-dessus ; et en vertu au cœur d' édicter , de constituer et d'encadrer une telle justice et égalité lois , ordonnances, actes, constitutions et offices, de temps en temps, comme cela sera jugé le plus approprié et le plus pratique pour vous · en général, c'est bien de votre ᵖᵃʳᵗ Colonie , à laquelle nous promettons toute soumission et obéissance. » Assurément, ce langage simple, complet et élevé, dans le style de la Bible ouverte devant les pèlerins, incarne l'esprit véritable et vivifiant de notre régime constitutionnel tel qu'il fleurit aujourd'hui. .

Afin d'apprécier la grandeur politique et la grandeur morale de l'œuvre des pèlerins, nous devons rappeler que, lorsque le Mayflower Compact a été élaboré, nulle part au monde il n'existait un gouvernement de lois justes et égales, et qu'en aucun pays n'avait de véritable liberté religieuse ni de séparation complète de l'Église et de l'État.

En fait, le grand principe désormais fondamental de la séparation de l'Église et de l'État a été pour la première fois concrétisé par les pèlerins, même si, en théorie du moins, il était antérieur au voyage du Mayflower. C'était l'essence de leur sainte alliance de congrégation conclue des années auparavant. Et c'est principalement aux pèlerins que revient le mérite et l'honneur d'avoir incorporé ce principe dans la politique anglo-américaine. Un large gouffre séparait à cet égard les pèlerins des puritains. Les pèlerins, d'abord connus en Angleterre sous le nom de séparatistes et de brownistes – détestés à la fois par les puritains et les cavaliers – prônaient la liberté religieuse et la séparation complète de l'Église et de l'État. Cependant, lorsqu'ils obtinrent le pouvoir en Angleterre et plus tard en Nouvelle-Angleterre, les puritains se montrèrent intolérants en matière de religion et opposés à la fois à la liberté religieuse et à la séparation de l'Église et de l'État. Ils étaient déterminés à ce que l'État domine dans les affaires religieuses aussi bien que civiles et qu'il réglemente la religion de tous ; en vérité, ils cherchaient à imposer une théocratie dominante aussi complètement qu'Henri VIII. et Elizabeth étaient déterminées à avoir une Église d'État sous leur propre suprématie spirituelle et à abolir toute « diversité d'opinions », si nécessaire par le châtiment, le feu et l'échafaud. Le Pèlerin, le personnifiant comme vous l'aimez dans l'esprit élevé et généreux de Robinson à Leyde, croyait à la liberté religieuse ou, comme on l'exprime autrement, à la liberté de conscience ; le puritain était déterminé à ce que tous soient contraints par la législation et l'épée de se conformer à ses opinions religieuses comme étant la seule vraie foi. Bien que la théocratie puritaine ait trouvé son développement et sa tyrannie les plus complets dans le Massachusetts, la colonie de Plymouth est restée libérale et tolérante. Malgré le terrible bilan de persécutions sanglantes parmi d'autres confessions religieuses de cette époque, aucun exemple n'est enregistré de persécution religieuse par les pèlerins ou dans la colonie de Plymouth. [8] Vous vous souviendrez que le célèbre capitaine des pèlerins, Myles Standish, n'a jamais rejoint l'église de Plymouth, qu'aucune sorcière n'a jamais été brûlée à Plymouth, et que lorsqu'une femme malveillante accusait un voisin de sorcellerie, elle était immédiatement reconnue coupable de calomnie et, sur ce, condamné à une amende et fouetté publiquement. Les excès et la fureur de la persécution religieuse de la part des protestants comme des catholiques étaient le produit de l'esprit féroce, intolérant et aveugle de cette époque. Nous ne devons pas les juger selon les normes du XXe siècle, mais selon celles des XVIe et XVIIe siècles, et ne devons pas négliger le fait que, dans de nombreux cas, ces persécutions étaient autant politiques que religieuses.

Dans l'histoire de la Nouvelle- Angleterre , le pèlerin est souvent confondu avec le puritain, sans doute parce que le puritain a rapidement dominé et finalement absorbé le pèlerin. Néanmoins, les divergences entre eux sur cette question de tolérance religieuse et de séparation de l'Église et de l'État étaient implacables, pour reprendre les mots d'un grand historien américain. Pourtant, en faisant la différence entre pèlerin et puritain et en rappelant les faits quant à l'origine de la liberté religieuse et de la séparation de l'Église et de l'État, la plus grande de toutes les bénédictions dont nous jouissons aujourd'hui est de donner l'essentiel de la gloire aux pèlerins, malgré les affirmations du catholique Maryland — je n'oublie pas du tout qu'en religion et en politique, le pèlerin et le puritain avaient de nombreux points de vue communs, que notre dette envers les deux est tout à fait inséparable et que notre gratitude envers eux devrait être éternelle.

Il est certainement impossible d'exagérer la dette que nous devons à l'esprit puritain – féroce, indomptable et intrépide, même s'il est intolérant, car c'est cet esprit qui a cimenté les fondations de notre nation. C'est l'esprit puritain qui a donné à l'Angleterre ses figures les plus nobles et ses traditions de champs de bataille les plus inspirantes. Au-dessus de tous les autres Anglais se trouve la haute figure du puritain Cromwell, suivi par les puritains Hampden, Pym, Selden, Milton, Vane et Hale. Hampden — le type le plus élevé de gentleman anglais, doté d'une noblesse et d'une intrépidité de caractère, d'une maîtrise de soi, d'un jugement sain et d'une parfaite rectitude d'intention, auxquels, comme le déclarait Macaulay, « l'histoire des révolutions ne fournit aucun parallèle ou fournit un parallèle dans Washington seul. » Si aujourd'hui l'Angleterre veut préserver son empire, sur lequel elle se vante que le soleil ne se couche jamais, elle doit faire appel à l'énergie, à la force d'âme et au courage des puritains. Elle doit invoquer l'esprit d'Olivier Cromwell, dont le bras puissant a rendu le nom de l'Angleterre terrible à ses ennemis et a jeté les bases de son empire, qui l'a conduite à la conquête, qui n'a jamais mené une bataille sans la gagner, dont les soldats ne soutiennent aucun ennemi. jamais vu, qui a humilié l'Espagne sur terre et la Hollande sur mer, et qui a laissé une tradition de valeur militaire qui est aujourd'hui l'inspiration du splendide courage, de l'héroïsme et du sacrifice des soldats anglais sur le continent européen.

Un aspect très important de la contribution des pèlerins à nos institutions politiques est la disposition relative à des lois justes et égales contenue dans le Mayflower Compact, car, comme je l'ai déjà suggéré, dans cette disposition est incarnée l'essence de tout notre système constitutionnel. C'est devenu un truisme que de dire que la caractéristique du système américain de gouvernement constitutionnel est l'égalité devant la loi. Nous, Américains, acceptons naturellement cette doctrine. Mais il faut comprendre que l'égalité civile ou l'égalité devant la loi était pratiquement inconnue en Europe au moment de la rédaction du Mayflower Compact. Dans ce pays, son développement est né en grande partie progressivement de la graine semée pour la première fois par les pèlerins. Ni l'expression « égalité devant la loi », qui nous est si familière parce qu'elle exprime une vérité fondamentale et évidente, ni l'expression « l'égale protection des lois », contenue aujourd'hui dans le quatorzième amendement, ne se trouvent dans la version anglaise. loi commune. Ni l'un ni l'autre de ces termes, ni aucun équivalent, n'était d'usage légal en Amérique au moment de l'adoption de la Constitution des États-Unis. En effet, l'expression « égalité devant la loi » serait une traduction moderne du français. Néanmoins, l'égalité en devoirs, en droits, en charges et en protection est la pensée qui imprègne toutes nos lois constitutionnelles depuis le début.

Les Pères Pèlerins ont compris, bien avant que cela soit généralement compris, que des lois égales pouvaient être très loin de la justice et de la liberté politiques, et c'est pourquoi ils ont prévu des « lois justes et égales ». Ils comprirent, peut-être indistinctement, que l'égalité en elle-même, sans autres éléments, ne suffit pas à garantir la justice, et que, sous une loi simplement égale, *tous* peuvent être également opprimés, également dégradés, également réduits en esclavage. Ils savaient bien que l'égalité est l'une des caractéristiques dominantes de la plupart des despotismes et qu'une loi peut être égale tout en étant grossièrement arbitraire, tyrannique et injuste. De toute évidence, une loi confisquant tous les biens d'un certain type serait égale si elle s'appliquait à tous ceux qui possèdent ce type particulier de biens. Les lois de l'Angleterre alors en vigueur prévoyaient une forme de culte, « pour abolir la diversité des opinions », comme le titre de l'acte du 31 Henri

VIII. récitées, ou obliger tous à fréquenter la même église et à prêter le même serment de suprématie religieuse et les sacrements de la même confession religieuse, étaient toutes des lois égales, car elles s'appliquaient à chacun , peu importe ce que sa conscience lui dictait. Dans la cabine du Mayflower, les Pères Pèlerins semblent avoir eu une vision leur révélant la vérité politique fondamentale et essentielle selon laquelle l'égalité n'est qu'un attribut de la liberté qu'ils recherchaient alors au péril de leur vie et au sacrifice de leur fortune. , et que la vraie liberté exige *aussi* bien des lois *égales* . Je le répète, ce sont les pèlerins qui ont été les premiers à semer sur notre sol la graine de lois justes et égales, et cette graine est devenue la règle fixe du système constitutionnel américain, une règle qui s'est répandue dans tous nos droits et devoirs politiques et civils. jusqu'à ce qu'il atteigne, imprègne, unit et revigore l'ensemble du corps politique.

L'histoire de la colonie de Plymouth, de 1620 jusqu'à son absorption par la colonie du Massachusetts en 1691, nous enseigne de nombreux enseignements de philosophie politique. Il y en a deux que je désire vous rappeler ce soir : l'une relative au droit à la propriété privée, l'autre relative à la démocratie pure.

Les pèlerins ont commencé à gouverner sous le Mayflower Compact avec un système de communisme ou de propriété commune. L'expérience a failli détruire la colonie. Dès 1623, ils durent l'abandonner et restaurer l'ancien droit de la propriété individuelle, avec son incitation et son incitation à l'effort personnel. Tous ceux qui préconisent aujourd'hui le communisme sous une forme ou une autre, souvent déguisée, pourraient étudier avec profit l'expérience de Plymouth, qui a fait suite à une expérience tout aussi malheureuse et désastreuse en Virginie. L'histoire enseigne souvent aux hommes en vain. Le récit du gouverneur Bradford sur cette première expérience du communisme dans ses annales de « Plimoth Plantation » est extrêmement intéressant. Le livre est riche en principes politiques aussi vrais aujourd'hui qu'ils l'étaient il y a trois cents ans. Après avoir montré que le système communal était un échec total et que dès qu'il était abandonné et qu'une parcelle de terre était attribuée solidairement à chaque famille, ceux qui auparavant refusaient de travailler devenaient « très travailleurs », même les femmes allant « volontairement » en ᵗᵒⁱ feil " emmenant " leurs petits-enfants avec eux pour mettre le cornet , ce qui auparavant aurait été utile faiblesses et incapacités ", Bradford procède comme suit :

" L'expérience qui a été vécue dans cette situation et dans cette condition, éprouvée pendant plusieurs années , et cela parmi des hommes pieux et sobres, pourrait bien témoigner de la vanité de cette vanité de Platon et d'autres anciens, applaudie par certains des temps ultérieurs ; - que en ᵗᵘʳ enlevant des biens et en introduisant **la** communauté dans une richesse commune , vous les rendriez heureux et prospères , comme s'ils étaient plus sages que Dieu. Car cette communauté (dans la mesure où elle était) s'est avérée engendrer beaucoup de confusion et mécontentement, et retardent beaucoup d' **emplois** qui auraient été à leur bénéfice et à [leur] réconfort . Les jeunes hommes qui étaient les plus capables et les plus aptes au travail et au service se plaignaient de devoir consacrer leur temps et leurs efforts à travailler pour les femmes et les enfants d'autres hommes , sans aucune récompense. Le fort, ou l'homme de qualité, n'avait pas plus de compétences en matière de provisions et de vêtements que celui qui était faible et incapable de faire le quart que [les] autres pouvaient faire ; cela a été considéré comme une injustice . Les hommes âgés et les plus graves doivent être classés et égalisés dans les travaux , et les victimes , les vêtements , etc., avec vous ꞏ les plus méchants et les plus jeunes . en quelque sorte , j'ai pensé que c'était un peu indigne et un manque de respect à leur égard... Que personne ne s'y oppose , c'est la corruption des hommes, et rien pour [vous] - même . Je réponds, voyant que tous les hommes ont cette corruption en eux, Dieu dans sa sagesse a vu une autre voie plus appropriée pour eux. " [9]

Bien que la colonie de Plymouth ait commencé comme une pure démocratie dans laquelle tous les hommes étaient convoqués pour décider des questions exécutives et judiciaires, l'augmentation de la population et sa diffusion sur un territoire plus vaste ont nécessairement conduit à la transaction des affaires officielles par l'intermédiaire de représentants choisis. Le système représentatif a ainsi été établi par les pèlerins en Nouvelle-Angleterre peut-être plus fermement qu'ailleurs, et il est devenu le principe cardinal de l'efficacité, de la force et de la stabilité dont disposent aujourd'hui nos gouvernements républicains. Ce système est menacé par l'enthousiasme pour le changement et par les modes de ces dernières années, comme l'initiative, le référendum, la révocation et les primaires directes. Dans ces remèdes politiques a été ravivée l'idée grossière selon laquelle les masses, inexpérimentées comme elles le sont dans les problèmes difficiles et complexes du gouvernement, sont instinctivement mieux qualifiées pour guider que quelques personnes instruites, formées, instruites et compétentes et qui, agissant comme les représentants de tous sont tenus, en toute bonne conscience et selon une politique saine, de considérer et de protéger les droits de la minorité, de l'individu, des humbles et des faibles, contre la volonté arbitraire, les intérêts égoïstes ou les préjugés de la majorité.

Il n'y a pas de temps ce soir, même si votre patience me supportait plus longtemps, pour retracer la croissance des principes politiques que nous trouvons dans l'histoire de la colonie de Plymouth et qui sous-tendent l'expérience de gouvernement républicain initiée là-bas dans le cadre du Mayflower Compact. Si l'on doit juger l'arbre à ses fruits, la rédaction de ce pacte en 1620 a été l'un des événements les plus importants de l'histoire du peuple américain, et le document lui-même est l'un des documents constitutionnels américains les plus intéressants et les plus inspirants. Mais je pense que je peux à juste titre vous suggérer des questions qui sont d'une préoccupation immédiate et urgente pour nous tous, à savoir si le message vivifiant et émouvant du Mayflower a réellement perduré - si les qualités remarquables du pèlerin et du puritain ont survécu. — si les descendants des pèlerins ont hérité et peuvent perpétuer l'esprit invincible, l'énergie morale invincible, la fermeté indomptable de leurs ancêtres — et si ces qualités sont disponibles de nos jours pour guider la nation en toute sécurité et sagement à travers l'inévitable crise qui nous approchons alors que la civilisation européenne tout entière est chaque jour de plus en plus engloutie dans l'abîme de cette terrible guerre. Ce sont des problèmes auxquels notre génération devra faire face tôt ou tard. Et qui devrait être mieux qualifié pour nous guider – car c'est de leadership dont nous avons besoin – que les hommes qui héritent de l'esprit et des traditions du pèlerin et du puritain ?

Dans cette crise, la plus grave dans nos affaires nationales depuis 1861, j'espère que nous profiterons de l'exemple des fondateurs de Plymouth, qui, comme l'écrit Palfrey, « prêtèrent une attention diligente aux dispositions prises pour la défense militaire de la colonie » . Il se peut aussi que la Providence nous donne, dans le descendant d'un Pèlerin, le capitaine qui sera à la fois notre bouclier et notre arme comme Myles Standish fut le bouclier et l'arme de vos ancêtres.

NOTES DE BAS DE PAGE :

[5] Remarques en réponse au toast « The Mayflower Compact », lors du vingt et unième banquet annuel de la Society of Mayflower Descendants dans l'État de New York, tenu à l'hôtel St. Regis, New York, le 23 novembre 1915. .

[6] Lafcadio Hearn, *Kokoro* , p. 289-290.

[7] Le manuscrit original du Mayflower Compact a été perdu ou détruit. Le texte, tel que conservé par le gouverneur Bradford dans ses annales intitulées « Of Plimoth Plantation », est le suivant :

"Au nom de Dieu, Amen. Nous, dont les noms sont souscrits , les sujets loyaux de notre redoutable Seigneur souverain , le roi Jacques, par la grâce de Dieu, du roi de Grande-Bretagne, de France et d'Irlande, défenseur de vous. foi, etc., ayant entrepris, pour vous gloire de Dieu, et avancement de votre foi chrétienne, et honneur de notre roi et de notre pays , un voyage pour implanter votre première colonie en vous · Les régions du nord de la Virginie, faites par ces présents solennellement et mutuellement en présence de Dieu, et les uns des autres, nous engageons et nous unissons ensemble dans un corps politique civil , pour notre meilleur ordre, notre préservation et la poursuite de vos fins susmentionnées ; et en vertu au cœur d' édicter , de constituer et d'encadrer une telle justice et égalité lois , ordonnances, actes, constitutions et offices, de temps en temps, comme cela sera jugé le plus approprié et le plus pratique pour vous · en général, c'est bien de votre part Colonie , à laquelle nous promettons toute soumission et obéissance. En témoignage auquel nous avons ci-dessous souscrit nos noms à Cap-Codd le 11 novembre de l' année de l' année raigne de notre seigneur souverain , le roi Jacques, d'Angleterre, de France et d'Irlande, au XVIIIe, et d'Écosse · cinquante quatrième. An ° : Dom. 1620." Imprimé dans les collections de la Massachusetts Historical Society, 4e série, vol. III, pp. 89-90. Voir aussi le texte dans Bradford's History of Plymouth Plantation, éd. WT Davis (1908), p. 107.

[8] La législation contre les Quakers telle qu'appliquée dans la colonie de Plymouth semble avoir été essentiellement politique. Les archives, pour autant que nous les disposons, indiquent que les Quakers ont été poursuivis en raison de leurs tentatives de troubler la paix et de renverser la loi et l'ordre établi, et non en raison de leurs croyances religieuses.

[9] Collections de la Massachusetts Historical Society, 4e série, vol. III, p. 134-136.

MORALE CONSTITUTIONNELLE [10]

Le TEXTE de ce discours est tiré de « L'Histoire de la Grèce » de Grote. L'historien, passant en revue l'état de la démocratie athénienne à l'époque de Clisthène, souligne qu'il devint nécessaire de créer dans la multitude, et à travers elle d'imposer aux dirigeants, le sentiment rare et difficile qu'il appelle moralité constitutionnelle. Il montre que l'essence de ce sentiment est la retenue que l'on s'impose soi-même, que peu de sentiments sont plus difficiles à établir dans une communauté, et que sa diffusion, non seulement parmi la majorité, mais dans toutes les classes, est la condition indispensable d'un gouvernement à l'échelle nationale. une fois libre, stable et paisible. Quiconque a étudié l'histoire de la Grèce sait que la démocratie grecque a finalement été renversée par les actes de ses propres citoyens et leur mépris de la moralité constitutionnelle plutôt que par les lances de ses conquérants.

En effet, nous, les avocats américains, serions aveugles si nous ne reconnaissions pas qu'il existe actuellement une tendance croissante dans tout le pays à méconnaître la moralité constitutionnelle. De tous côtés, nous constatons de l'impatience face aux restrictions constitutionnelles, qui se manifeste sous de nombreuses formes et sous de nombreuses formes. des faux-semblants , et cette impatience est particulièrement forte avec l'action des tribunaux pour protéger l'individu et la minorité contre des textes inconstitutionnels favorisant une classe au détriment d'une autre. Quelle que soit la manière dont elle est formulée et dissimulée sous les discours de réforme sociale ou de justice sociale, l'esprit sous-jacent dans la plupart des cas est celui de l'impatience à l'égard de toute restriction ou de toute primauté du droit.

Nous rencontrons à nouveau le plaidoyer politique le plus ancien et le plus puissant du démagogue, si souvent démontré comme étant la doctrine la plus fallacieuse et la plus dangereuse qui soit jamais apparue parmi les hommes, selon laquelle le peuple est infaillible et ne peut faire de mal, et que son cri doit être entendu. comme la voix de Dieu, et que quelle que soit la volonté de la majorité, aussi ignorante et préjugée soit-elle, doit être acceptée comme évangile. Le principal cri de guerre politique semble aujourd'hui être que, si le peuple est désormais apte à se gouverner lui-même, il n'a plus besoin de contrôles ni de contraintes, que la forme constitutionnelle de gouvernement représentatif sous laquelle nous avons vécu et prospéré est devenue désuète. et insatisfaisant pour les masses, et que nous devrions adopter une démocratie pure et laisser à la majorité elle-même la décision de chaque question de gouvernement ou de législation, avec le pouvoir d'imposer sa volonté ou son impulsion immédiatement et sans retenue.

Nous trouvons de nombreux réformateurs politiques et sociaux préconisant un corps législatif absolu, dont les décrets, en réponse aux souhaits, aux intérêts ou aux préjugés de la majorité, deviendront immédiatement contraignants pour tous, aussi injustes ou oppressifs que puissent être ces décrets. Ceux qui réclament le plus haut et fort la suprématie du pouvoir législatif le sont tout autant en accusant nos assemblées législatives d'être inefficaces ou corrompues et en proclamant la méfiance à l'égard des représentants du peuple dans les organes législatifs. D'un côté, on nous demande de conférer aux corps législatifs un pouvoir et un pouvoir discrétionnaire qui échappent au contrôle des tribunaux, et de l'autre, on nous dit que les corps législatifs ne méritent pas la confiance du peuple et que, par conséquent, nous devons avoir l'initiative et le pouvoir. référendum.

D'autres réformateurs conféreraient un plus grand pouvoir à l'exécutif, afin de lui permettre de dicter aux législatures ce qu'il estimait ou prétendait penser le mieux pour le bien commun ou pour le progrès social. En dernière analyse, cela nous réduirait bien sûr à un despotisme pur et simple et placerait le Congrès et les législatures des États dans la condition du Sénat romain du deuxième siècle. Malgré les remontrances et l'expérience du passé, la réponse provocante est que le peuple choisira l'exécutif et est prêt à lui faire confiance, une réponse qui ignore singulièrement le fait qu'il sélectionne désormais les législateurs en qui il n'a plus confiance. et que la réforme pratique de la législation est à leur portée s'ils veulent seulement insister sur le caractère et la capacité de leurs représentants.

D'autres encore nieraient aux tribunaux le pouvoir et le devoir de déclarer inconstitutionnel et d'annuler toute loi d'un organe législatif qui serait en conflit avec la constitution, ou, s'ils n'allaient pas aussi loin, donneraient aux tribunaux le pouvoir de ne pas tenir compte des limitations constitutionnelles chaque fois que la les juges estimaient ou croyaient qu'une loi était conforme à la moralité dominante ou à l'opinion de la majorité en ce qui concerne les questions liées au pouvoir de police, au progrès social ou à la justice sociale. Ils voudraient que le pouvoir judiciaire interprète et applique une constitution non pas selon le mandat du peuple qui l'a adoptée, ni selon le véritable sens et l'intention du langage employé par les rédacteurs, ni selon des règles et principes généraux établis, mais selon les désirs, les notions ou les opinions en constante évolution de la majorité et les idées personnelles des juges dits progressistes ou sympathiques. Beaucoup de ceux qui accusent le pouvoir judiciaire d'avoir usurpé le pouvoir de déterminer si une loi particulière est ou non en conflit avec la loi fondamentale et suprême telle qu'établie par le peuple lui-même, placeraient désormais un pouvoir bien plus grand entre les mains des tribunaux en les autorisant à élargir ou à réduire une constitution par construction judiciaire, et conférerait ainsi en réalité aux juges un pouvoir discrétionnaire arbitraire. Selon cette doctrine, pratiquement toutes les restrictions constitutionnelles pouvaient être facilement contournées, perverties ou annulées ; les droits constitutionnels pourraient être dilapidés et de grands jalons du progrès humain pourraient être sapés.

Nous devrions alors avoir un gouvernement par le pouvoir judiciaire avec vengeance. Notre système constitutionnel ne serait plus raisonnablement fixe et stable, ne serait plus régi par la justice de règles générales nécessaires, mais serait soumis à une incertitude et à des changements constants selon que les juges pourraient penser que l'atmosphère morale du moment ou la volonté, l'opinion ou les intérêts de la majorité requise. Il serait bien entendu préférable de n'avoir aucune restriction constitutionnelle et de confier le pouvoir suprême et la responsabilité correspondante à la branche législative de notre gouvernement. Il est de l'essence du pouvoir judiciaire que les juges, lorsqu'ils statuent sur des affaires, soient liés par des principes, des règles et des précédents, qu'ils ne soient pas autorisés à exercer un pouvoir discrétionnaire arbitraire et qu'ils soient tenus de motiver leurs décisions. Un tribunal lié par aucune règle ou principe n'exercerait pas de pouvoir judiciaire au sens où nous l'entendons. Si nous devions confier aux législatures ou aux tribunaux le pouvoir discrétionnaire d'obéir ou de désobéir aux restrictions constitutionnelles selon ce que semble dicter le sentiment moral ou politique dominant, nous priverions immédiatement ces restrictions de toute force et de tout effet pratique et n'aurions qu'une constitution. dans le nom et la forme et non dans le fond. Comme le regrettait le juge en chef Fuller, *clarum et venerabile Nomen* , si bien dit dans l'affaire de la Loterie, "notre forme de gouvernement peut subsister malgré la législation ou la décision, mais, comme on l'a observé il y a longtemps, c'est avec les gouvernements comme avec les religions, la forme peut survivre à la substance de la foi." [11]

Le temps limité dont je dispose m'oblige à limiter mon exposé à l'aspect de la moralité constitutionnelle que présentent les critiques adressées aux tribunaux pour avoir refusé d'appliquer des lois inconstitutionnelles. Cette ligne d'attaque me semble être la plus dangereuse de toutes. Je regrette de ne pas avoir le temps d'aborder d'autres aspects importants de mon sujet, comme le mouvement pour la révocation des juges et des décisions judiciaires, l'agitation pour l'initiative et le référendum, et la pratique croissante de la part des corps législatifs et exécutifs. d'abandonner l'examen des questions constitutionnelles et de laisser ce devoir aux tribunaux, rejetant ainsi sur les juges la seule responsabilité et souvent l'impopularité, voire l'odieux, de l'application des restrictions constitutionnelles.

Peu d'entre nous, je suppose, suggéreraient sérieusement que le département judiciaire doit être au-dessus de toute critique, ou qu'il doit être considéré comme sacro-saint, de sorte que nous devons nous incliner et nous soumettre en silence, sans droit de contestation, de critique ou de censure, pour tout ce que les tribunaux déclarent être la loi. Une telle vision serait absurde. Bien sûr, les juges font des erreurs comme les hommes les plus sages et les meilleurs font des erreurs. Ils ne sont pas infaillibles. Mais nos corps législatifs ne sont pas non plus infaillibles, pas plus que la foule. Il doit y avoir la plus grande liberté de critique et, au besoin , de censure à l'égard de nos juges comme de tous les autres agents publics. Toutefois, une critique juste et équitable serait nettement éducative et ne pourrait tendre qu'à redonner aux tribunaux la faveur et la confiance du public. Le danger ne réside pas dans la liberté de critique, mais dans une critique injuste et infondée, appuyée par des déclarations déformées ou fausses. Notre système judiciaire est intrinsèquement suffisamment solide et suffisamment solide pour résister et surmonter toute critique juste. Nous devons donc encourager le débat le plus approfondi sur les décisions judiciaires dans les affaires constitutionnelles afin que les principes constitutionnels puissent être expliqués de manière adéquate et que la nécessité du respect de la moralité constitutionnelle soit portée à l'attention du peuple. Insistons cependant pour que les faits soient véridiques. Si les raisons et les principes de justice qui soutiennent la plupart des décisions critiquées pouvaient être expliqués à toutes les classes dans un langage simple et dans des termes intelligibles pour les profanes comme pour les avocats, une grande partie de l'interprétation erronée des décisions judiciaires et des préjugés contre les tribunaux et les restrictions constitutionnelles serait dissipé. Dire à l'homme de la rue ou à l'atelier qu'une loi est en conflit avec la garantie d'une procédure régulière ou du droit du pays, n'a aucun sens à son esprit ; Pourtant, s'il comprenait les principes fondamentaux en jeu et les conséquences de leur non-respect, il pourrait être persuadé de la justice et de l'opportunité de la décision en discussion.

J'attirerai votre attention sur quelques exemples d'abus ou d'usurpation présumés du pouvoir par le pouvoir judiciaire, et m'efforcerai de montrer les caractéristiques d'une grande partie des critiques contre les juges et la manière dont les masses sont constamment prévenues et enflammées contre les tribunaux. .

L'affaire portée devant les tribunaux de New York, qui est probablement plus critiquée et déformée que toute autre, est connue sous le nom d' affaire Tenement House Tobacco (Affaire Jacobs), [12] décidée en janvier 1885. Les tribunaux ont alors déclaré inconstitutionnel un acte qui interdisait la fabrication de produits du tabac dans certains immeubles d'habitation de New York et de Brooklyn, parce que la loi portait atteinte de manière injustifiée et déraisonnable à la liberté de l'individu. Ce texte constituait une tentative de la part des propriétaires de grandes usines de tabac de détruire la concurrence des fabricants de cigares qui travaillaient à domicile. Ce n'était pas du tout une mesure sanitaire honnête ; il n'était en fait pas destiné à protéger la santé des travailleurs du tabac et il ne contenait aucune disposition tendant à garantir, dans une quelconque mesure, des conditions sanitaires de travail ou de vie. Pas un mot dans les opinions des tribunaux dans l'affaire Jacobs n'a empêché le législateur d'adopter des règlements pour garantir des conditions saines dans la fabrication de tout article. Depuis cette décision, la constitution de New York a été soigneusement révisée par une convention constitutionnelle en 1894 et a en outre été amendée à plusieurs reprises, pas moins de dix-neuf amendements distincts ayant été adoptés par le peuple, tandis qu'un grand nombre d'amendements supplémentaires ont été proposés. rejeté. Mais ni la révision ni aucun des amendements, qu'ils soient adoptés ou rejetés, ne suggéraient un changement dans la règle de droit constitutionnel déclarée dans l'affaire Tenement House, bien que le sujet ait été directement appelé à l'attention de la convention. Depuis plus d'un quart de siècle, la population de l'État de New York a accepté la décision de la Cour d'appel comme étant équitable, juste et satisfaisante.

Jacobs, avec sa femme et ses deux enfants, vivait dans un immeuble de la ville de New York et occupait un appartement de sept pièces dans un immeuble où il n'y avait que trois autres appartements, tous de taille égale. Dans cet appartement, il exerçait le commerce de la fabrication de cigares, et les pièces dans lesquelles il le faisait étaient séparées des chambres à coucher et des cuisines. Les témoignages ont montré qu'il n'y avait aucune odeur de tabac dans ces chambres à coucher et ces cuisines. Les conditions dans lesquelles il exerçait son métier dans sa propre maison pour subvenir à ses besoins et à ceux de sa famille étaient bien plus saines que si lui et ses assistants avaient été contraints de travailler dans une usine bondée, particulièrement en 1884, alors qu'il n'y avait pas d'usine. les conditions sanitaires dans les usines qui prévalent actuellement grâce à l'application bénéfique de nos lois actuelles sur la santé publique et le travail. Il a été démontré que, lorsque cette législation a été promulguée, 840 000 000 de cigares étaient fabriqués chaque année dans la ville de New York, dont environ 370 000 000, soit 44 pour cent, étaient fabriqués dans les maisons des habitants des immeubles ou des immeubles d'habitation, et que environ deux mille artisans subvenaient à leurs besoins et à ceux de leurs familles en travaillant ainsi à domicile. Le conseil de santé de la ville de New York avait officiellement déclaré, après une enquête minutieuse, comme indiqué dans le mémoire de M. Evarts, alors chef du barreau américain, "que la santé de la population des immeubles d'habitation n'est pas menacée". par la fabrication de cigares dans ces maisons ; que ce projet de loi n'est pas une mesure sanitaire, et qu'il n'a pas été approuvé par ce conseil. » Il ressortait également de ce mémoire que si le taux de mortalité dans la ville de New York était généralement de 31 sur 1 000, il n'était que de 9 sur 1 000 dans les immeubles où étaient fabriqués les cigares. La loi, si elle était valide et applicable, aurait écrasé la concurrence des travailleurs à domicile avec les usines de tabac ; cela aurait privé l'habitant d'un immeuble de la liberté d'exercer son métier de fabricant de cigares à la maison, même dans les conditions les plus hygiéniques, et cela aurait conduit chacun de ces ouvriers et les membres travailleurs de sa famille dans des usines surpeuplées et généralement insalubres. , être harcelé et opprimé par les grèves, les lock-out et les autres troubles qui accompagnent les conditions de travail modernes, sans parler d'être exposé à tous les méfaits, physiques et moraux, inséparables des ateliers surpeuplés. Le tribunal a estimé que la loi ne constituait pas une réglementation sanitaire légitime et a libéré Jacobs de son emprisonnement. Le principe du droit constitutionnel reconnu et appliqué était qu'un individu ne peut pas être érigé en criminel pour avoir exercé un métier licite chez lui dans des conditions sanitaires, et ne peut pas être contraint par une législation discriminatoire à travailler dans une usine bondée. Si les dispositions de la loi n'avaient pas été déclarées contraires à la garantie constitutionnelle de la liberté individuelle, des lois similaires auraient pu être adoptées pour toutes sortes de travaux à domicile, et tous les artisans, hommes ou femmes, auraient pu être contraints dans les usines sous la dictée des propriétaires d'usines ou des syndicats ayant une influence politique suffisante pour obtenir la législation nécessaire.

Je m'éloigne ici un instant pour souligner que ceux qui préconisent l'adoption de lois particulières négligent trop souvent l'effet du non-respect d'un principe et de l'établissement d'un précédent. Les constitutions énoncent des règles générales ou des principes de justice, qui parfois ne coïncident pas avec la justice de cas particuliers. L'élaboration de règles générales de conduite de manière à réaliser la justice pratique dans le plus grand nombre de cas et avec le moins d'exceptions, constitue la science de la jurisprudence, dont l'élaboration d'une constitution n'est qu'une branche, et l'application de ces règles générales à les affaires pratiques relèvent du devoir des législatures et des tribunaux. Les lois portées devant les tribunaux sont souvent reconnues et concédées comme n'étant que des expérimentations et, si elles sont maintenues, elles seront certainement suivies par d'autres, beaucoup plus vastes et radicales. S'il existe un pouvoir législatif pour réglementer un sujet, l'étendue ou le degré de son exercice relève essentiellement du pouvoir législatif de déterminer à sa discrétion et ne peut être contrôlé par les tribunaux. Par conséquent, un tribunal doit toujours considérer, pour déterminer la constitutionnalité d'une loi, non seulement les caractéristiques de la loi particulière dont il est saisi, ni simplement la justice ou le bien-fondé de l'affaire particulière entre un homme et un homme ou entre l'État et l'individu. mais que pourrait-on faire selon le même principe si la loi qui lui est soumise était confirmée et qu'un précédent était établi. Ainsi, si nous accordons une fois au législateur le pouvoir d'interdire le travail à domicile dans des conditions sanitaires dans un métier, alors chaque métier devient soumis au même pouvoir de réglementation et d'interdiction, et tous les travailleurs, hommes et femmes, peuvent être poussés dans des usines surpeuplées.

Dans l'affaire Jacobs, le juge président Noah Davis, s'exprimant au nom de la cour d'appel intermédiaire siégeant dans la ville de New York, et sans aucun doute au courant des conditions qui existaient à l'époque, a utilisé le langage suivant : « Une étude minutieuse de la loi nous a convaincu que son objectif n'était pas « d'améliorer la santé publique en interdisant la fabrication de cigares et la préparation du tabac sous quelque forme que ce soit dans les immeubles d'habitation dans certains cas, et en réglementant l'usage des immeubles d'habitation dans certains cas », comme le déclare le titre, mais de supprimer et restreindre cette fabrication dans les cas couverts par la loi dans le but d'empêcher une concurrence réussie préjudiciable aux autres modes de fabrication des mêmes articles... Si la loi était générale et visait tous les immeubles d'habitation, et interdisait pour des raisons sanitaires la fabrication de cigares et de tabac dans tous ces immeubles, ou s'il interdisait cette fabrication dans les salons de tous les locataires, un autre cas se présenterait. Mais dans la forme sous laquelle il nous est présenté, il est si injuste dans son inégalité, dure et oppressive pour le travail de la pauvreté, si profondément discriminatoire en faveur des classes plus fortes engagées dans la même profession, qu'elle n'aurait certainement pas dû être promulguée ; mais, une fois promulgué, il devrait être déclaré invalide parce qu'il prive l'appelant de son droit et de sa liberté d'utiliser son occupation dans sa propre maison pour subvenir à ses besoins et à ceux de sa famille, et lui enlève la valeur de son travail, qui est sa propriété protégée . par la Constitution également comme s'il s'agissait de terres ou d'argent, sans procédure légale régulière. " [13]

Discutant de l'affaire Jacobs, M. P. Tecumseh Sherman, du barreau de New York, qui est réputé pour être l'un des hommes les mieux informés de notre État en matière de conditions de travail et de législation du travail et qui fut autrefois commissaire d'État au travail, a déclaré dans une lettre publiée il y a quelques semaines que la loi sur les immeubles d'habitation, bien que censée être destinée à la santé publique, n'était pas une réglementation raisonnable à cette fin, car elle sélectionnait arbitrairement un article et interdisait sa fabrication sous certaines conditions non généralement insalubre, et il a ajouté qu'"en fait, la loi n'était pas conçue pour protéger la santé mais pour mettre à la faillite un groupe de concurrents dans une guerre commerciale".

Permettez-moi maintenant d'attirer votre attention sur deux exemples de la manière dont cette décision est critiquée. Dans un discours prononcé le mois dernier à l'Université de Yale, le maire de la ville de New York, qui a été pendant de nombreuses années juge à la Cour suprême de l'État, a critiqué les tribunaux et tourné en dérision l'administration de la justice dans son propre État. Il a évoqué l'affaire Jacobs dans les termes suivants : « Le premier cas sur lequel j'attirerai votre attention est connu dans mon propre État sous le nom d'affaire Tenement House Tobacco... Vous savez à quel point nous avons une population condensée dans une partie du pays. ville de New York. Eh bien, des hommes et des femmes bienveillants, en se promenant là-bas, ont trouvé dans les petites pièces de ces immeubles surpeuplés certaines choses fabriquées qui n'étaient pas saines. Ils ont trouvé du tabac transformé en divers produits dans les salons de ces pauvres immeubles. " Les gens bienveillants qui aidaient les pauvres l'ont vu et ils en ont vu les méfaits. Ils ont vu des petits enfants naître dans ce monde et élevés dans les chambres et les cuisines dans les fumées et les odeurs du tabac. Ils ont également vu des heures de travail plus longues qu'elles ne le seraient. C'était le cas si les ouvriers quittaient leur travail au magasin et rentraient chez eux. Ils se sont donc adressés au Parlement et ont fait adopter une loi interdisant la fabrication du tabac dans les salons de ces immeubles. Le maire Gaynor a ensuite critiqué et condamné la Cour d'appel pour son raisonnement et sa décision.

Les faits, cependant, étaient que la loi n'était pas limitée aux « salons de ces immeubles », mais s'appliquait à chaque pièce, et que les promoteurs de cette législation n'étaient pas les hommes et les femmes bienveillants qui visitent et aident les pauvres, comme l'imaginait le maire Gaynor, mais les propriétaires d'usines de tabac qui voulaient écraser la concurrence des travailleurs indépendants. Rien non plus dans l'affaire portée devant les tribunaux n'étayait l'affirmation selon laquelle quiconque aurait vu « des petits enfants naître dans ce monde et élevés dans les chambres et les cuisines dans les fumées et les odeurs du tabac ». De telles conditions n'étaient pas portées devant les tribunaux, et le contraire a été prouvé par des preuves non contestées dans l'affaire Jacobs, comme pouvait le constater quiconque lisant le dossier. Mais, même si le tableau avait été exact, la décision rendue dans cette affaire n'a en aucune manière empêché une législation appropriée interdisant la fabrication de produits du tabac dans les chambres et les cuisines des immeubles surpeuplés ou dans des conditions insalubres.

L'ex-président Roosevelt est tout aussi inexact dans sa critique du cas Jacobs. Il aurait déclaré dans l'un de ses récents discours que « la décision du tribunal dans cette affaire a retardé d'au moins vingt ans le travail de réforme des immeubles d'habitation et était directement responsable du fait que des centaines de milliers de citoyens américains aujourd'hui en vie être élevés dans des conditions de crasse et de misère puante, ce qui diminue considérablement leurs chances de devenir de bons citoyens. La vérité est que la décision n'a pas retardé d'un seul jour la réforme des immeubles d'habitation et n'a pas empêché l'adoption d'une seule disposition garantissant des conditions sanitaires à ceux qui travaillent à domicile. En fait, la législation nécessaire a depuis été facilement obtenue et promulguée à New York sans aucun amendement à la constitution de l'État. Nos lois sur la santé publique et le travail réglementent désormais la fabrication du tabac et d'autres articles à domicile et exigent et garantissent des conditions sanitaires, et les licences autorisant la fabrication à domicile sont délivrées sous réserve d'annulation à tout moment si les environs deviennent insalubres.

M. Sherman a qualifié d'absurde la déclaration faite par M. Roosevelt concernant l'effet de cette décision et a ajouté que « jusqu'à présent, la décision dans l'affaire Jacobs, loin d'avoir porté préjudice à la réforme sanitaire, a porté atteinte à la situation. La critique de M. Roosevelt reçoit un chœur d'approbation de la part d'un grand nombre de réformateurs mal informés qui cherchent à prévenir certains des maux de la « transpiration » en interdisant arbitrairement toute fabrication domestique dans les immeubles. Mais la grande majorité des immeubles d'habitation à New York sont d'une classe mieux décrite comme des immeubles d'appartements, qui sont parfaitement hygiéniques, et dans ces maisons il y a beaucoup de travaux domestiques de bonne sorte, comme de la couture fine, des travaux d'art, etc. , et dans de bonnes conditions ; et ce serait une ingérence déplorable et inutile dans la liberté d'interdire un tel travail en tant qu'accessoire de la prévention du travail à domicile dans des bidonvilles insalubres."

Une autre affaire new-yorkaise qui est également critiquée et déformée est celle connue sous le nom d'affaire Bakers, ou People *vs.* Lochner. [14] La décision dans cette affaire déclarant une loi inconstitutionnelle était celle de la Cour suprême des États-Unis et non de la Cour d'appel de New York ; en fait, ce dernier tribunal a confirmé l'acte, bien que divisé. Le maire Gaynor a expliqué cette décision à son auditoire de Yale, composé en grande partie d'étudiants en droit, dans les termes suivants : « Le prochain cas en suspens était celui du four à pâtisserie dans mon État. Un four à pâtisserie, vous savez, est souterrain. Et Si l'un d'entre vous a déjà été dans un four à pâtisserie, je n'ai pas besoin de dire un mot de plus sur les fours à pâtisserie. C'est l'endroit le plus chaud et le plus inconfortable sur la surface de la terre. C'est un endroit difficile où travailler. chaud et malsain, et personne ne peut le supporter sans nuire à la santé. Ainsi, de la même manière, dans l'État de New York, nous avons fait voter une loi prescrivant des règles sanitaires pour les boulangeries.... Ces fours à pâtisserie sont exceptionnels. sous terre et aussi chaud que Tophet, si je peux utiliser une telle expression ici... La loi a été votée prescrivant des règlements pour eux. L'un des règlements était que dix heures par nuit étaient tout ce qu'un boulanger devait travailler dans ces endroits. Et les journaux rapportent que M. Roosevelt a critiqué cette décision et déclaré à son auditoire que « cette loi de New York empêchait l'emploi d'hommes dans des boulangeries sales pendant plus de dix heures par jour ».

La loi en question s'appliquait aux fabricants de pain, de biscuits et de confiseries. Prise en relation avec la loi sur la santé publique alors en vigueur, elle contenait des dispositions adéquates pour garantir les meilleures conditions d'hygiène et de ventilation et pour protéger les boulangers des effets de la chaleur et de l'inhalation de farine ou d'autres particules. Aucune distinction n'était faite dans la loi quant à la durée du travail entre les conditions de travail salubres et insalubres, ni entre les boulangers et les autres employés, ni entre le travail de nuit et de jour. Le pouvoir du législateur d'empêcher la fabrication de pain ou d'autres produits alimentaires dans les caves ou dans les fours souterrains ou dans des lieux sales et insalubres, que ce soit en surface ou en sous-sol, n'a pas été contesté. Les dispositions de la loi tendant à garantir les conditions sanitaires n'ont été ni modifiées ni annulées par les tribunaux, et elles ont depuis lors été appliquées comme étant valables à toutes fins. La loi ne se limitait pas aux ouvriers obligés de travailler la nuit sous terre, mais s'appliquait à toute personne employée de jour ou de nuit dans les usines, en surface ou en sous-sol, dans lesquelles étaient fabriqués du pain, des confiseries ou des biscuits. Il est vrai que des autorités médicales ont été citées devant les tribunaux pour étayer l'opinion selon laquelle le métier de boulanger était préjudiciable à la santé, mais ces autorités étaient fondées sur des statistiques recueillies dans des conditions de travail qui n'auraient pas pu exister à l'époque et ne peuvent pas exister aujourd'hui. New York si les réglementations élaborées de nos lois sur la santé publique et le travail sont dûment appliquées. Cependant, des autorités médicales contradictoires ont été citées au tribunal, qui ont affirmé que le commerce n'était pas malsain.

Lochner possédait une boulangerie à Utica dans laquelle il travaillait lui-même et employait trois ou quatre ouvriers. Il n'y avait qu'un seul four, et il était au dessus du sol. Le bâtiment était propre, particulièrement bien ventilé et sanitaire. La seule question posée au tribunal dans cette affaire était de savoir si Lochner pouvait être déclaré criminel et emprisonné pour avoir permis à ses ouvriers de travailler plus de dix heures par jour dans les meilleures conditions sanitaires , et la Cour suprême a estimé que cela ne pouvait être fait sans violant ses droits constitutionnels. S'il avait été démontré que les conditions de travail dans les usines de pain, de biscuiterie ou de confiserie de l'État de New York étaient particulièrement dangereuses et nécessairement malsaines, la loi aurait sans aucun doute été confirmée par la Cour suprême, comme l'a été la loi sur les mineurs de l'Utah dans l'État de New York. Holden *contre* Hardy. [15] Quiconque a étudié les décisions des tribunaux de New York ou de la Cour suprême des États-Unis ne peut douter que toute disposition légale tendant raisonnablement à protéger la santé des boulangers et autres ouvriers et à empêcher le travail dans des lieux insalubres serait confirmée aussi clairement dans le cadre du pouvoir de police du législateur.

En outre, cet acte était unilatéral et discriminatoire dans la mesure où il faisait de l'employeur un criminel mais laissait l'ouvrier libre de faire ce qu'il voulait. Un boulanger travaillant pour A pendant dix heures dans une journée était libre d'aller chez le voisin de B, le concurrent de A, et, s'il le jugeait bon, de travailler encore dix heures pour B. En fait, comme on me l'a dit, l'informateur de A dont le témoignage a été reconnu coupable, Lochner travaillait fréquemment dix heures par jour pour Lochner et un certain nombre d'heures supplémentaires dans une autre boulangerie. Si la loi avait été honnêtement conçue dans le désir de sauvegarder la santé des boulangers, elle aurait, bien entendu, prévu une certaine punition pour toute violation de la loi par les ouvriers, et ne leur aurait pas laissé la liberté de méconnaître ses dispositions . esprit chaque fois qu'ils le jugeaient bon de le faire.

Le principe impliqué dans cette affaire Bakers était universel, et si les employeurs des usines de pain, de biscuiterie ou de confiserie pouvaient être érigés en criminels pour avoir permis à leurs employés de travailler plus de dix heures par jour, le législateur pourrait adopter une législation similaire à celle de tout autre cas. emploi. Aucun tribunal n'aurait alors le pouvoir de réglementer le degré d'exercice du pouvoir discrétionnaire du législateur dans de tels cas. Cette disposition, qui limitait d'abord la journée de travail à dix heures, pouvait ensuite être modifiée à huit heures, voire à six heures, comme le préconisait More dans « L'Utopie ».

En février de cette année, M. Roosevelt a prononcé un discours devant la convention constitutionnelle de l'Ohio, dans lequel il a discuté de la décision de la Cour suprême des États-Unis dans les affaires de responsabilité des employeurs [16], rendue alors qu'il était président. Le tribunal a ensuite jugé que la loi du Congrès du 11 juin 1906, parfois appelée à tort National Workmen's Compensation Act, tentait de réglementer les affaires intérieures de plusieurs États ainsi que le commerce interétatique, et qu'elle incluait par conséquent un sujet ne relevant pas de la Constitution. pouvoir du Congrès, et que les deux questions étaient si mélangées qu'elles ne pouvaient être séparées à moins que le tribunal n'adopte une nouvelle loi à la place de celle adoptée par le Congrès. Ayant consciencieusement soutenu ce point de vue, la majorité du tribunal aurait été coupable de la plus pure immoralité constitutionnelle si elle n'avait pas déclaré que la loi échappait au pouvoir du Congrès et refusé de lui donner effet. Aucun homme honnête, croyant comme le pensait la majorité, n'aurait pu faire autrement que d'obéir au mandat constitutionnel réservant expressément aux États les pouvoirs législatifs non délégués au Congrès. À la lumière de la règle sage et établie de longue date selon laquelle les tribunaux devraient éviter la législation judiciaire et ne pas réviser ou donner effet à une loi d'une manière qui n'est pas clairement prévue par le corps législatif, les juges n'auraient évidemment pas pu maintenir et appliquer la loi. statut simplement parce que les cas individuels dont ils étaient saisis excitaient leur sympathie ou impliquaient les réclamations des veuves. Le remède était évident et simple. Le Congrès était alors en session et, en quelques jours, un statut modifié aurait pu être promulgué de manière à limiter la loi au commerce interétatique, que seul le Congrès avait le pouvoir constitutionnel de réglementer. Après un délai de trois mois, une telle loi a été promulguée, et étant clairement limitée au commerce interétatique, comme la loi originale aurait dû l'être, et l'aurait été si elle avait été rédigée de manière appropriée et compétente, la loi modifiée a été unanimement soutenue par la Cour suprême comme constitutionnelle dans les deuxièmes affaires de responsabilité des employeurs, décidées cette année, [17] lorsqu'il a été jugé que le Congrès avait le pouvoir de modifier les règles de common law concernant la prise en charge du risque, la négligence contributive et les actes des compagnons de service en relation avec la réglementation des commerce interétatique.

Parlant de la première décision, M. Roosevelt a déclaré : « Lorsque j'étais président, nous avons adopté une loi nationale sur l'indemnisation des accidents du travail. En vertu de cette loi, un cheminot nommé Howard, je crois, a été tué dans le Tennessee et sa veuve a intenté une action en justice pour dommages et intérêts. a fait tout ce qu'il pouvait pour garantir ce droit, mais le tribunal est intervenu et a décrété que le Congrès avait échoué. Trois des juges ont adopté la position extrême selon laquelle le Congrès ne pouvait en aucun cas agir pour protéger la veuve et les enfants sans défense contre la souffrance, et que le sang de cet homme et le sang de tous les hommes semblables, une fois répandus, devraient toujours crier en vain à la justice. Cela semble une déclaration forte, mais elle est beaucoup moins forte que les faits réels ; et j'ai du mal à faire cette déclaration avec un quelconque degré. de modération. Les neuf juges de la Cour suprême sur cette question se sont divisés en cinq fragments. Un homme, le juge Moody, à son avis, a exposé l'affaire dans sa manière la plus large et a exigé justice pour Howard, sur des motifs qui auraient signifié que dans toutes les situations similaires les cas suivants, c'est la justice et non l'injustice qui doit être rendue. Pourtant, le tribunal, à la majorité d'une voix, a décidé comme je ne crois pas un seul instant qu'il déciderait maintenant, et a non seulement perpétué une injustice lamentable dans le cas de l'homme lui-même, mais a également établi une norme d'injustice pour tous les cas similaires. . Ici encore, je vous demande de ne pas penser au simple formalisme juridique, mais de penser aux grands principes immuables de la justice , aux grands principes immuables du bien et du mal, et de réfléchir à ce que cela signifie pour les hommes qui dépendent de leur subsistance et pour les les femmes et les enfants qui dépendent de ces hommes, lorsque les tribunaux du pays leur refusent la justice à laquelle ils ont droit. »

Or, si cet argument signifiait quelque chose, il signifiait certainement que, de l'avis de l'orateur, ancien président des États-Unis, les juges de la Cour suprême auraient dû ignorer la Constitution telle qu'ils la comprenaient pour permettre à une veuve de recouvrer malgré l'inconstitutionnalité de l'acte en vertu duquel et en vertu duquel elle poursuivait. Vous ne trouverez pas un seul mot de la part de M. Roosevelt dans tout son discours sur le seul point sur lequel la majorité, s'exprimant par le juge White, a statué sur les affaires. Bien sûr, la déclaration de ce qui a été réellement décidé aurait été modérée et peu sensationnelle. La critique, dans la forme et le fond, était basée sur une déclaration déformée et injuste de ce qui avait été décidé, et elle était calculée pour créer dans l'esprit des membres de la convention constitutionnelle de l'Ohio, ainsi que dans l'esprit du public non informé, la croyance que les juges de la Cour suprême des États-Unis avaient « fixé une norme d'injustice pour tous les cas similaires » et avaient refusé au Congrès le pouvoir d'adopter une loi juste et juste sur la responsabilité des employeurs, correctement limitée au commerce interétatique. Le contraire était clairement la vérité, comme l'avait clairement montré la décision ultérieure du tribunal, car cette dernière décision avait été rendue et publiée avant que M. Roosevelt ne fasse son discours.

Un autre exemple de déclaration déformée et de critique injuste des tribunaux se trouve dans la même adresse. Elle concernait la décision de la Cour d'appel de New York dans l'affaire Ives *contre* South Buffalo Railway Company, [18] rendue l'année dernière, dans laquelle la cour a jugé qu'une loi était certes nouvelle et révolutionnaire, créant une responsabilité de la part de un employeur envers ses ouvriers, bien que l'employeur et ses agents soient totalement exempts de négligence ou de faute de quelque nature que ce soit et n'aient négligé aucune obligation de diligence, de surveillance ou de sélection, était inconstitutionnel parce que prendre les biens de l'employeur et les donner à l'ouvrier sans droit processus de droit. Ives était serre-frein à l'emploi de la compagnie ferroviaire défenderesse. Alors qu'il marchait sur le dessus des wagons d'un train très long, il a donné le signal au mécanicien de boucher un espace ou un jeu et a été projeté au sol par le choc résultant, sans aucune négligence de la part de la compagnie ferroviaire. , et probablement à cause de sa propre insouciance. La blessure consistait en une entorse à la cheville et de légères contusions. Il n'y avait aucune affirmation dans la plainte selon laquelle la blessure était permanente et, en fait, Ives a intenté une action en justice pour perte de salaire pendant seulement cinq semaines, réclamant cinquante dollars comme mesure de son dommage. On m'informe que la blessure n'était pas grave, qu'Ives s'est entièrement rétabli et a repris son travail dans les quatre semaines suivant la blessure, que la compagnie ferroviaire l'a finalement payé pour sa perte de temps, qu'il a depuis été employé sans interruption par la même compagnie à un travail similaire et que sa capacité à gagner sa vie n'était en aucun cas compromise.

Tournons-nous vers le tableau dressé par M. Roosevelt en décrivant ce cas pour l'instruction et la direction d'une convention constitutionnelle. "Je ne pense pas à la terminologie de la décision, ni à ce qui me semble être des arguments méticuleux et minutieux élaborés minutieusement pour justifier une grande et terrible erreur judiciaire. De plus, je ne pense pas seulement aux victimes dans quelque domaine que ce soit . cas donné, mais parmi les dizaines de milliers d'autres qui souffrent à cause de la manière dont cette affaire a été tranchée. Dans l'affaire de New York, l'employé des chemins de fer qui a été blessé était un homme nommé, je crois, Ives. Le tribunal admet que, de toute évidence, en considération morale, il était en droit de recouvrer comme son dû l'argent que la loi entendait lui donner, mais le tribunal, par sa décision, l'oblige à vivre une vie mutilée et garde l'argent qui devrait lui appartenir dans le trésor de la société. dont le service, du fait de son emploi régulier et de l'endurance des risques ordinaires, il a perdu la capacité de gagner sa propre vie. Il y a des milliers d' Iveses dans ce pays ; des milliers de cas comme celui-ci se produisent chaque année ; et bien que c'est vrai, alors que les tribunaux refusent à ces hommes la justice essentielle et élémentaire et leur donnent, ainsi qu'au peuple, en échange de la justice une formule technique et vide de sens, il est vain de me demander de ne pas les critiquer. Tant que l'injustice sera ainsi maintenue par un tribunal, je protesterai aussi vigoureusement que je le peux contre une telle action. »

Je le répète, en fait, Ives n'était pas mutilé ; il n'a pas été blessé de façon permanente; il n'a pas été privé de la capacité de gagner sa vie. La Cour d'appel n'a pas non plus admis que, selon toutes considérations morales, Ives avait le droit de récupérer à titre de dû l'argent que la loi avait l'intention de lui donner. Si cette affaire avait été portée devant un tribunal, aussi sympathique et sentimental soit-il, je doute fort qu'il aurait pu conclure qu'Ives avait le droit, pour quelque considération morale que ce soit, de contraindre la compagnie ferroviaire à l'indemniser pour les quatre ou cinq semaines . perte de salaire résultant non d'une faute de sa part mais de sa propre imprudence. Les déclarations selon lesquelles "le tribunal, par sa décision, oblige cet homme à vivre une vie mutilée" et qu'"il a perdu la capacité de gagner sa propre vie" n'étaient tout simplement qu'une fiction, mais, bien sûr, elles ont été très efficaces auprès d'un public émotif et hautement calculé pour enflammer les auditeurs et les lecteurs de M. Roosevelt contre les tribunaux. J'ose affirmer qu'il serait difficile de trouver ou même de concevoir une présentation plus injustifiée et plus injuste des faits portés devant un tribunal.

Une autre fausse déclaration actuelle est que la Cour suprême des États-Unis, dans les deuxièmes affaires sur la responsabilité des employeurs, a confirmé comme constitutionnel une loi du Congrès identique à la loi jugée inconstitutionnelle par la Cour d'appel de New York dans l'affaire Ives. On dit aux gens que les tribunaux de New York considèrent que la disposition exigeant une procédure régulière dans le quatorzième amendement signifie une chose, tandis que la Cour suprême des États-Unis considère exactement la même disposition dans le cinquième amendement comme signifiant le contraire. Mais ceux qui prendront la peine de lire les deux statuts comprendront immédiatement que la loi du Congrès diffère radicalement de la loi sur l'indemnisation des accidents du travail de New York. La loi du Congrès, bien qu'elle abolisse ou restreigne les règles relatives aux actes des compagnons de service, à la prise de risque et à la négligence contributive, impose la responsabilité des transporteurs publics par chemin de fer uniquement pour « les blessures ou la mort résultant en tout ou en partie de la *négligence* de tout des officiers, agents ou employés de ce transporteur, ou en raison de tout défaut ou insuffisance, *dû à sa négligence* , dans ses voitures, moteurs, appareils, machines, voies, plate-forme, ouvrages, bateaux, quais ou autres équipements. " D'un autre côté, la loi de New York créait la responsabilité non pas dans un emploi dangereux, comme celui de transporteur public par chemin de fer, mais dans de nombreux autres emplois pas nécessairement dangereux, et ce, indépendamment de la négligence ou de la faute de l'employeur ou de l'employeur. l'un de ses dirigeants, agents ou employés. En fait, il n'y a rien dans la décision de New York ou dans les avis des juges qui invaliderait une loi identique à la loi du Congrès si elle était maintenant adoptée par la législature de New York. L'affaire Ives, loin d'empêcher l'adoption d'une telle loi, constituerait une autorité en sa faveur.

Je regrette que nous n'ayons pas le temps d'examiner plus avant ces décisions particulières. À mon avis, ils ont appliqué correctement et sagement les principes établis du droit constitutionnel et de la justice constitutionnelle et étaient moralement justes et justes. Je plaide maintenant pour l'équité et la tempérance dans les discussions sur les décisions de nos tribunaux et pour la nécessité impérative de fonder ces discussions sur la vérité. L'Ambassadeur Bryce a déclaré récemment dans un discours : « Vous conseiller de vous en tenir aux faits, ce n'est pas vous dissuader des généralisations philosophiques, mais seulement vous rappeler... que les généralisations doivent jaillir des faits et que sans les faits, elles ne valent rien. " En d'autres termes, le respect des faits, qui n'est qu'un autre terme pour désigner la vérité, est ou devrait être aussi indispensable en droit et en politique qu'en philosophie.

Les critiques dont les exemples ci-dessus sont justes doivent être réfutées parce qu'elles se répètent constamment et qu'elles jouissent de l'autorité d'éminents dirigeants de l'opinion publique, qui semblent à l'heure actuelle avoir la confiance du peuple. Leurs déclarations sont naturellement acceptées comme vraies. Les juges sont également déformés et attaqués de toutes parts, et ils ne peuvent pas se défendre. Jusqu'à présent, le barreau dans son ensemble a semblé indifférent, et une conception erronée de ce qui constitue le bon goût impose le silence aux avocats engagés dans les affaires critiquées. Les gens sont induits en erreur, ont des préjugés et sont enflammés par de fausses déclarations et des critiques injustes. Si les tribunaux ne sont pas défendus, ils risquent de céder devant la tempête de censures imméritées. Quelle que soit la constitution de l'humanité, il existe un grave danger que les juges soient inconsciemment intimidés et contraints par ces abus et ces clameurs. N'est-il pas grand temps que les membres de notre profession se chargent de défendre les tribunaux en soumettant les faits au peuple ? Les barreaux du pays ne seront jamais appelés à rendre un plus grand service à la profession et à la communauté que celui d'endiguer cette vague de fausses déclarations et d'abus excessifs et de s'efforcer de restaurer la confiance dans le savoir, l'impartialité et l'indépendance de nos juges. dans la justice de leurs décisions et dans la nécessité de faire respecter les restrictions constitutionnelles.

Non seulement les décisions des tribunaux sont constamment déformées et déformées, mais on enseigne également à la population que les tribunaux ont usurpé le pouvoir de déclarer nul toute loi en conflit avec la constitution, et qu'un tel pouvoir n'a jamais été censé être conféré par les rédacteurs des constitutions nationales ou étatiques. Il devrait sûrement être évident à ce stade que si les tribunaux ne peuvent pas déclarer invalides et refuser de donner force et effet aux textes inconstitutionnels, il est peu ou pas utile de déclarer dans les constitutions que les législatures ne doivent pas adopter de projets de loi ou d'exposés de droit. des lois post facto, ou des lois restreignant la liberté d'expression ou de la presse, ou interdisant le libre exercice de la religion, ou refusant le droit à un procès par jury, ou emprisonnant sans procès, ou suspendant l'ordonnance d'habeas corpus, ou confisquant des personnes privées. propriété.

S'exprimant sur ce sujet du pouvoir et du devoir judiciaires, Hamilton, dans son "Fédéraliste", a utilisé un langage qu'on ne saurait trop répéter. Il a clairement montré qu'en 1788, il était entendu et envisagé que les tribunaux devraient exercer le pouvoir de déclarer invalide toute loi contraire à la Constitution. En fait, ce pouvoir était déjà exercé par les tribunaux étatiques. Il a déclaré que les limitations constitutionnelles « ne peuvent être préservées dans la pratique que par l'intermédiaire des tribunaux, dont le devoir doit être de déclarer nuls tous les actes contraires à la teneur manifeste de la Constitution. des droits ou des privilèges ne équivaudraient à rien... Il n'existe aucune position qui repose sur des principes plus clairs que celui selon lequel tout acte d'une autorité déléguée, contraire à la teneur de la commission en vertu de laquelle elle est exercée, est nul. , contrairement à la Constitution, peut être valable. Le nier serait affirmer que le député est supérieur à son principal ; que le serviteur est au-dessus de son maître ; que les représentants du peuple sont supérieurs au peuple lui-même ; que les hommes agissant en vertu des pouvoirs, ils peuvent faire non seulement ce que leurs pouvoirs n'autorisent pas, mais aussi ce qu'ils interdisent... L'interprétation des lois est la compétence propre et particulière des tribunaux. Une constitution est, en fait, et doit être considérée par les juges, comme une loi fondamentale. Il leur appartient donc d'en connaître le sens, ainsi que celui de tout acte particulier émanant du corps législatif. S'il devait y avoir une divergence irréconciliable entre les deux, celui qui a l'obligation et la validité supérieures devrait, bien entendu, être préféré ; ou, en d'autres termes, la Constitution devrait être préférée à la loi ; l'intention du peuple à l'intention de ses agents. Cette conclusion ne suppose en aucun cas non plus une supériorité du pouvoir judiciaire sur le pouvoir législatif. Cela suppose seulement que le pouvoir du peuple est supérieur à l'un et à l'autre ; et que là où la volonté de la législature, déclarée dans ses statuts, s'oppose à celle du peuple, déclarée dans la Constitution, les juges devraient être gouvernés par cette dernière plutôt que par la première. Ils devraient régler leurs décisions par les lois fondamentales, plutôt que par celles qui ne le sont pas. » [19]

Tout aussi concluant et tout aussi digne d'être répété constamment est le raisonnement du juge en chef Marshall dans l'affaire Marbury c. Madison, où il dit : « Dans quel but les pouvoirs sont-ils limités, et dans quel but cette limitation est-elle consignée par écrit, si ces limitations le peuvent, à à tout moment, être adoptée par ceux qui sont censés être restreints ? La distinction entre un gouvernement aux pouvoirs limités et illimités est abolie, si ces limites ne confinent pas les personnes auxquelles elles sont imposées, et si les actes interdits et les actes autorisés sont d'égale obligation . " C'est une proposition trop évidente pour être contestée, que la Constitution contrôle tout acte législatif qui lui est contraire ; ou que le législateur peut modifier la Constitution par un acte ordinaire. Entre ces alternatives, il n'y a pas de terrain d'entente. La Constitution est soit un loi suprême supérieure, immuable par des moyens ordinaires, ou bien elle est au niveau des actes législatifs ordinaires, et, comme les autres actes, est modifiable quand le législateur veut bien la modifier. Si la première partie de l'alternative est vraie, alors un acte législatif contraire à la Constitution n'est pas une loi : si la seconde partie est vraie, alors les constitutions écrites sont des tentatives absurdes, de la part du peuple, de limiter un pouvoir en soi. nature illimitée."
[20]

Cette décision de la Cour suprême selon laquelle il est du devoir et du pouvoir des tribunaux d'interpréter les constitutions et de refuser d'appliquer des lois inconstitutionnelles a été rendue en 1803. Pourtant, bien que la Constitution des États-Unis ait été modifiée quatre Depuis cette décision, et que chaque constitution d'État a été maintes fois remodelée ou amendée, aucune constitution américaine n'a jamais refusé aux tribunaux le pouvoir d'interpréter les constitutions ou le devoir de refuser d'appliquer des lois qui sont en conflit avec les limitations constitutionnelles. Si le pouvoir de déclarer nul toute loi en conflit avec la Constitution des États-Unis était jugé nécessaire en 1788, lorsque Hamilton écrivait ses célèbres essais, il devrait certainement être bien plus nécessaire à notre époque de législation multiforme, d'augmentation considérable des fonctions de l'État, et une législation de classe incompétente, imprudente et oppressive qui interfère de presque toutes les manières imaginables avec les droits et libertés de l'individu.

En outre, la Constitution des États-Unis n'aurait probablement jamais été adoptée si le peuple avait compris, comme on le prétend maintenant, que le Congrès était libre de ne pas tenir compte des limitations et garanties constitutionnelles et qu'il n'y aurait aucun moyen d'empêcher une violation. par le Congrès des droits constitutionnels de l'individu, sauf lors des élections. Tous ceux qui étudient notre histoire savent que la Constitution a été acceptée par le peuple sur la promesse expresse que les amendements incorporant une déclaration des droits visant à protéger l'individu contre le Congrès seraient immédiatement adoptés. Et l'un des premiers actes du Premier Congrès, en septembre 1789, fut de présenter les dix amendements connus sous le nom de Déclaration fédérale des droits, qui furent ensuite ratifiés par les États et devinrent partie intégrante de la Constitution. Mais à quoi serviraient ces amendements si le Congrès ne devait pas être effectivement restreint et lié par eux ? Il n'est pas exagéré de dire que si les tribunaux devaient désormais être privés du pouvoir de protéger les justiciables qui invoquent des garanties constitutionnelles et devaient être contraints d'appliquer, en tant que lois valides, des lois qui violent les limitations du pouvoir législatif que le peuple a délibérément incorporées dans leur loi fondamentale, nos constitutions deviendraient lettres mortes, et autant nous tourner vers la démocratie pure et débridée de la Grèce et attendre son sort.

Dans un discours inspirant prononcé cette année devant l'Association du Barreau de l'État de New York au sujet des décisions judiciaires et du sentiment public, le sénateur Root a déclaré avec éloquence : « Un peuple souverain qui déclare que tous les hommes ont certains droits inaliénables et s'impose les grands droits impersonnels règles de conduite jugées nécessaires à la préservation de ces droits, et déclare en même temps qu'il ne respectera pas ces règles chaque fois que, dans un cas particulier, la majorité de ses électeurs le souhaiteront, établit une contradiction totale aux principes fondamentaux de notre gouvernement tel qu'il est possible de le concevoir. Il abandonne absolument la conception d'une justice qui est au-dessus des majorités, d'un droit du faible que les forts sont tenus de respecter. Il nie la vérité vitale enseignée par la religion et réalisée dans la dure expérience de l'humanité, et qui a inspiré chaque constitution américaine et chaque grande déclaration pour la liberté humaine depuis la Magna Carta - la vérité selon laquelle la nature humaine doit se méfier de ses propres impulsions et passions et établir pour son propre contrôle la l'influence restrictive et directrice des principes d'action déclarés.

Dans bon nombre des attaques actuelles contre le pouvoir judiciaire, souvent en soutien à des projets nés sur le continent européen, nous trouvons la plainte selon laquelle, en déclarant des lois inconstitutionnelles, les tribunaux de ce pays – étatiques et fédéraux – exercent un plus grand pouvoir que les tribunaux. d'autres pays sont autorisés à exercer. Comme si c'était un argument contre les institutions américaines ! Chaque écolier sait que les fondateurs voulaient que notre gouvernement soit différent de tous les autres gouvernements du monde. Les fondateurs non seulement se sont intentionnellement éloignés des exemples des gouvernements existants, mais ont cherché anxieusement à établir une nouvelle forme de gouvernement républicain, qui perpétuerait l'esprit de la Déclaration d'indépendance, garantirait les droits inaliénables de l'individu et protégerait la minorité contre la oppression ou tyrannie de la majorité. C'est parce que ces droits de l'individu contre les majorités et toute forme de pouvoir gouvernemental devaient être assurés et sacrés, comme le croyaient les fondateurs, que nous devions nous distinguer des autres gouvernements. Et la caractéristique essentielle et efficace de cette différence résidait dans le pouvoir conféré au pouvoir judiciaire de faire respecter et protéger ces droits. Les déclarations ronflantes des droits de l'homme n'auraient que peu de sens si elles n'étaient pas exécutoires par les tribunaux.

Lorsqu'on compare notre forme de gouvernement à celle d'autres pays, et qu'on nous dit qu'en Angleterre, en France ou ailleurs, des mesures dites progressistes ont été mises en œuvre immédiatement par la volonté de la majorité et que les tribunaux y étaient impuissants . d'intervenir, a-t-on sérieusement l'intention de suggérer au peuple des États-Unis qu'il devrait donc abandonner toutes les contraintes constitutionnelles, tous ses principes constitutionnels anciens et honnêtes, et laisser la protection de la vie, de la liberté et de la propriété entièrement entre les mains du pouvoir législatif ? N'existe-t-il pas encore certains droits que même ceux qui attaquent nos institutions, sous la protection de la Constitution même qu'ils bafouent, voudraient voir protéger par nos tribunaux ? Lorsqu'on insiste sur le fait que les tribunaux ne devraient pas avoir le pouvoir de déclarer un acte inconstitutionnel, mais qu'ils devraient être obligés d'appliquer tous les textes législatifs, même si certains d'entre eux pourraient entrer en conflit avec la Constitution, se rend-on compte que la déclaration des droits serait alors laissée à l'appréciation du discrétion arbitraire ou caprice du législateur, et que par conséquent cela ne serait pas d'une plus grande protection pratique pour l'individu que les constitutions papier de certaines des républiques sud-américaines qui, elles aussi, contiennent des déclarations éloquentes des droits de l'individu ? Est-il oublié ou négligé qu'en Angleterre, en France et dans tous les autres pays auxquels on compare le nôtre, le pouvoir législatif est pratiquement suprême, et qu'il peut interdire, disséminer ou emprisonner à sa seule volonté - qu'il peut nier liberté religieuse, restreindre la liberté d'expression ou de la presse, adopter des projets de loi d'atteinte et des lois ex post facto, suspendre l'ordonnance d'habeas corpus, imposer des peines cruelles et inhabituelles, refuser à l'individu accusé d'un crime le droit à un procès devant jury . ou même une quelconque audience, confisquer la propriété privée sans compensation et porter atteinte à l'obligation des contrats ?

Supposons, par exemple, que le Congrès ou une législature d'État juge bon d'emprisonner ceux qui ne professent pas la religion de la majorité, ou n'en observent pas les formes et les principes. Qui pourrait alors protéger la minorité contre de telles lois tyranniques, sinon les tribunaux, et comment les tribunaux pourraient-ils la protéger, sauf en déclarant la loi inconstitutionnelle et nulle et en refusant de l'appliquer ? Il suffit de remonter quelques générations en arrière pour trouver de telles lois en Angleterre et dans les colonies américaines, et c'est leur répétition que nos constitutions cherchent à empêcher. Supposons encore une fois que le Congrès ou l'assemblée législative d'un État adopte une loi restreignant la liberté d'expression ou de la presse et soumettant ceux qui ont violé cette loi à des poursuites pénales et à l'emprisonnement. Comment l'individu pourrait-il alors être protégé autrement que par le pouvoir judiciaire, et comment le pouvoir judiciaire pourrait-il le protéger sans exercer le pouvoir de déclarer la loi inconstitutionnelle ?

Les agitateurs qui attaquent notre système constitutionnel expliquent-ils à leurs auditeurs que, dans les gouvernements étrangers avec lesquels ils font des comparaisons, le pouvoir législatif pourrait contraindre les ouvriers de n'importe quel métier à travailler autant d'heures par jour, à tels taux de salaire et dans de telles conditions. conditions que la majorité a jugé bon d'adopter ? Supposons que la législature de Pennsylvanie adopte une loi obligeant les ouvriers des mines de charbon à travailler douze heures ou plus par jour moyennant une compensation fixée par elle et prévoyant que le refus constitue un crime. Il en va de même pour les employés des chemins de fer. Ce faisant, le législateur trouverait un précédent dans le célèbre Statut des travailleurs anglais ainsi que dans de nombreux autres textes européens. La législature de Pennsylvanie pourrait adopter une loi similaire à celle adoptée par le parlement britannique en 1720, puis en 1800, érigeant en crime le fait pour les ouvriers de s'unir pour obtenir une avance sur salaire ou pour réduire ou modifier leurs heures de travail. Est-il inconcevable que le moment vienne où la majorité des électeurs de Pennsylvanie croiront qu'il est impératif de réglementer ainsi le travail dans les mines de charbon et dans les chemins de fer, deux industries indispensables, servant chaque foyer de l'État, affectant chaque individu, riche ou pauvre, et contraindre tout le monde à lui rendre hommage ? Les préjugés et l'intérêt personnel ne pourraient-ils pas tenter ou pousser à une telle loi, et la majorité ne pourrait-elle pas l'adopter, en particulier si les personnes concernées étaient des étrangers sans pouvoir politique ? Est-il inconcevable que les propriétaires des mines de charbon et des chemins de fer puissent un jour contrôler la majorité au Parlement ? Mais comment ces mineurs et employés des chemins de fer pourraient-ils être protégés contre de telles lois et contre les poursuites pénales en vertu de celles-ci, à moins que les tribunaux n'aient le pouvoir de déclarer les lois inconstitutionnelles et de refuser de les appliquer parce qu'elles privent l'individu de ses droits constitutionnels ?

Dans neuf cas sur dix, la réponse à ces suggestions de ceux qui s'en prennent aujourd'hui à la justice serait sans doute que personne n'entend aller à un tel extrême, et que personne ne souhaite être placé ou placer quelqu'un d'autre. entièrement à la merci du législateur. Ainsi, ils admettraient que certains droits devraient encore être protégés par les tribunaux. Mais cette réponse ne contient-elle pas l'essentiel de tout le problème, ainsi que tout le principe et la vertu du système américain de restrictions constitutionnelles ? Si les critiques de notre système veulent que certains droits, et particulièrement les leurs, soient protégés par les tribunaux, ne doivent-ils pas alors admettre qu'en réalité ils ne souhaitent que des changements dans le domaine des droits d'autrui, et qu'ils s'accrocheraient à la Constitution et invoquer la protection du pouvoir judiciaire dans tous les domaines dans lesquels sa propre liberté personnelle et ses propres droits personnels et de propriété sont affectés ? Le juge en chef Cullen de la Cour d'appel de New York a récemment déclaré que « le grand malheur de notre époque est la manie de réglementer toute conduite humaine par des lois, de la responsabilité dont peu sont exemptés, car nombre de nos citoyens les plus intelligents et les plus instruits, qui ressentent le paternalisme et le socialisme comme une ingérence législative dans les affaires qui les intéressent, sont les plus persistants dans la tentative de réglementer par la loi la conduite des autres. [21]

Je ne doute pas que si nous pouvions tenir un débat exhaustif devant un grand tribunal de l'opinion publique américaine et analyser et passer au crible étape par étape les arguments contre le pouvoir judiciaire dans les affaires constitutionnelles, nous constaterions en dernière analyse que ceux qui sont Accuser si farouchement les tribunaux d'usurpation de pouvoir en refusant d'appliquer des textes inconstitutionnels reviendrait à vouloir que les tribunaux continuent de protéger leurs propres droits et libertés constitutionnels, et qu'ils ne demandaient que des modifications et des restrictions en ce qui concerne les droits et libertés. libertés d'autrui. Je suis convaincu que si c'était au peuple des États-Unis de déterminer par ses votes la simple question de savoir s'il remettrait entre les mains du Congrès ou des législatures de ses États les droits fondamentaux, élémentaires et inaliénables dont jouit désormais tout citoyen américain. — les droits inaliénables proclamés dans la Déclaration d'Indépendance — un vote écrasant serait exprimé contre un tel changement. Cette conviction peut d'ailleurs être étayée par l'expérience récente de l'Australie, foyer du radicalisme. Une tentative d'amendement constitutionnel visant à restreindre le pouvoir du pouvoir judiciaire dans les conflits du travail et à conférer au parlement australien tous les pouvoirs nécessaires pour traiter les questions de travail a fait l'objet d'un référendum et a rencontré une défaite décisive aux élections. Sommes-nous susceptibles d'être moins conservateurs que les Australiens, ou d'être moins conscients de la nécessité de garanties et de restrictions constitutionnelles judicieuses ?

La vérité est que nos constitutions, nationales et étatiques, ne s'opposent pas à un exercice juste et juste de ce qu'on appelle le pouvoir de police, ni à des mesures de progrès social ou de justice sociale, et qu'elles n'empêchent pas une des réglementations tendant à garantir la santé et à promouvoir le bien-être de la communauté dans son ensemble, ou la promulgation de lois sur les usines appropriées et raisonnables ou de lois appropriées et raisonnables sur l'indemnisation des accidents du travail. La principale source de problèmes réside dans le fait que les lois que les tribunaux sont obligés de refuser d'appliquer sont très souvent rédigées à la hâte et de manière grossière et sont souvent par nature déraisonnables et injustes.

Mais même s'il n'en était pas ainsi ; Même si le peuple, après un exposé complet des faits et une explication approfondie de l'effet du changement, désire après mûre réflexion conférer un plus grand pouvoir à nos législatures, ou réduire le pouvoir des tribunaux, les moyens sont à leur portée. À New York et dans d'autres États, la Constitution peut être facilement amendée en deux ans.

Il a été affirmé à plusieurs reprises que la Constitution des États-Unis est devenue pratiquement impossible à modifier, alors qu'en réalité son amendement n'entraîne pas de difficultés plus grandes que celles envisagées ou qui ne sembleraient raisonnablement nécessaires, ou que celles qui seraient rencontrées si nous étions maintenant l'élaboration d'une nouvelle constitution nationale. Le mécanisme prescrit, à savoir un vote des deux tiers des deux chambres du Congrès et une ratification par les trois quarts des États, oblige simplement à la délibération et empêche une action précipitée et inconsidérée. Si la population du pays désire réellement un amendement particulier à la Constitution des États-Unis, il devrait être facilement obtenu en moins de deux ans.

Ainsi, les dix premiers amendements furent proposés par le Congrès en septembre 1789 et furent adoptés, à une époque de lenteur des déplacements et de communications difficiles, par huit États en six mois et par les trois quarts requis en deux ans. Le douzième amendement, proposé en 1803, fut ratifié en neuf mois. Le treizième amendement, proposé par le Congrès en 1865, fut ratifié par les législatures de vingt-sept des trente-six États d'alors en dix mois ; et le quinzième amendement, le dernier, proposé en février 1869, fut ratifié par vingt-neuf des trente-sept États en un an. Le retard dans l'adoption du seizième amendement proposé autorisant le Congrès à prélever un impôt sur le revenu est entièrement dû au fait qu'il existe de sérieuses divergences d'opinions sur la question de savoir si ce pouvoir doit ou non être conféré, bien que les partisans de l'amendement aient proclamé avec confiance l'existence d'un désir presque universel de la part du peuple pour un tel amendement à la Constitution. [22]

L'une des suggestions les plus insidieuses qui puissent être faites au grand public est qu'il existe une difficulté insurmontable pour obtenir des amendements à nos constitutions, tout aussi trompeuse et dangereuse qu'il l'est pour eux de se faire dire que leurs désirs sont contrecarrés par le système judiciaire et qu'ils doivent accomplir des réformes soit en contraignant les tribunaux, soit en sapant les fondements de leurs constitutions. Le contentement futur du peuple exige qu'il ait le sentiment que les gouvernements, étatiques et fédéraux, sont ses gouvernements, qu'il est lui-même, en fin de compte, le pouvoir souverain, et qu'il est libre de modifier la loi organique de temps en temps, à mesure que ses besoins mûrissent. et un jugement délibéré jugera nécessaire ou souhaitable. Tout ce que les conservateurs peuvent demander ou demandent, c'est que le peuple agisse délibérément et dans des circonstances calculées pour lui donner le temps et l'opportunité de fournir une explication complète et une pleine compréhension de la portée et de la tendance des changements proposés, afin que des erreurs puissent être découvertes. et exposé, afin que les théories, le sentimentalisme, les clameurs et les préjugés puissent s'épuiser et que la réflexion objective de chaque partie du pays puisse être affirmée. S'il est alors décidé de modifier nos constitutions, même au point de placer la vie, la liberté et la propriété à la discrétion et à la merci illimitées de nos législateurs, il faudra obéir à la volonté du peuple souverain. Espérons et prions cependant pour que les amendements adoptés soient conservateurs et sages, que les droits de la minorité par rapport à la majorité ne soient pas sacrifiés inconsidérément pour l'avantage temporaire d'une classe sur une autre, et qu'ils Il faut comprendre que la liberté individuelle devrait être la préoccupation vitale de chaque homme, riche ou pauvre, comme étant essentielle à la perpétuation des institutions que nous chérissons comme étant particulièrement et éminemment américaines. Essayons surtout d'éviter de permettre à une classe quelconque d'utiliser des amendements constitutionnels ou des textes législatifs à ses propres fins. Tout en répondant avec sympathie, générosité et charité aux revendications légitimes des classes laborieuses et des pauvres et des humbles, gardons néanmoins les yeux ouverts pour éviter tout résultat aussi vicieux que celui qui résulterait de dispositions constitutionnelles ou statutaires formulées nominalement au profit du travail, mais en réalité dans le but de servir les intérêts d'une classe particulière contre une autre, comme nous l'avons vu, c'était le cas dans la législation sur les immeubles d'habitation de New York de 1884. Entre-temps, en attendant de tels amendements dans les délais appropriés, ordonnés et raisonnables Dans la voie prescrite par nos constitutions, soyons fidèles et dévoués à notre système constitutionnel, qui, depuis plus d'un siècle, nous a porté à travers toutes les tempêtes et si souvent « malgré les fausses lumières sur le rivage ». Soyons également honnêtes et justes et, si possible, modérés dans nos critiques à l'égard de tous les agents publics, qu'ils soient législatifs, exécutifs ou judiciaires.

Un mot enfin sur le devoir particulier de notre profession. Ce n'est pas la chaire ni la presse, mais la loi qui atteint et touche chaque fibre de tout le tissu de la vie, qui entoure et protège chaque droit de l'individu, qui saisit les plus grandes et les moindres affaires humaines, et qui comprend les toute la communauté et tous les droits de l'homme. Nous, avocats, si nous sommes dignes de notre profession, avons le devoir non seulement de défendre les garanties constitutionnelles devant les tribunaux pour des clients individuels, mais aussi d'enseigner aux gens, à temps et à contretemps, à valoriser et à respecter les droits constitutionnels d'autrui et à respecter et chérissons les institutions dont nous avons hérité. Il est de notre devoir de prêcher la morale constitutionnelle aux riches et aux pauvres, à tous les métiers et à toutes les professions, à tous les rangs et à toutes les classes, dans les villes et dans les plaines. Il nous appartient de convaincre les membres de chaque classe qu'à long terme, le mépris des droits fondamentaux d'autrui serait en conflit avec leur propre bien-être et leur bonheur permanents et ne peut être autorisé si nous voulons rester un peuple libre. Quel devoir plus élevé, quelle tâche plus noble pourrait nous engager que d'enseigner la valeur et le caractère sacré des principes anciens et honnêtes de justice incorporés dans nos constitutions, immortels comme les vérités éternelles dont ils tirent leur origine, et de prêcher à toutes les classes la vertu de justice politique et de contraintes politiques auto-imposées, sans lesquelles il ne peut y avoir de véritable moralité constitutionnelle.

[11] 188 Rapports des États-Unis, p. 375.

[12] 98 Rapports de New York, p. 98.

[13] 33 Rapports Hun, pp. 380, 382, 383.

[14] 177 Rapports de New York, p. 145 ; 198 Rapports des États-Unis, p. 45.

[15] 169 Rapports des États-Unis, p. 366.

[16] 207 Rapports des États-Unis, p. 463.

[17] 223 Rapports des États-Unis, p. 1.

[18] 201 Rapports de New York, p. 271.

[19] The Federalist, édition Ford, pp. 520, 521, 522.

[20] 1 Rapports de Cranch , p. 176-177.

[21] 204 Rapports de New York, p. 534.

[22] Depuis que ce discours a été prononcé, le seizième amendement a été ratifié. Il a été proposé par le Congrès le 16 juillet 1909 et déclaré en vigueur le 25 février 1913. Le dix-septième amendement a été proposé par le Congrès le 15 mai 1912 et déclaré en vigueur le 31 mai 1913. Au vu de cette démonstration, il ne devrait certainement pas s'agir d'un quelconque amendement. On n'insiste plus sur le fait que la Constitution des États-Unis est pratiquement irrévocable.

LE ONZIÈME AMENDEMENT [23]

Parmi les questions importantes de droit constitutionnel dont le pays est actuellement saisi, aucune n'affecte plus de manière vitale la paix et l'harmonie de notre double système de gouvernement que celle du pouvoir d'un tribunal fédéral d'interdire à un fonctionnaire de l'État d'appliquer les dispositions d'une loi de l'État QUI est en conflit avec la Constitution des États-Unis. Cette question se pose généralement à propos du onzième article d'amendement, qui prévoit que « le pouvoir judiciaire des États-Unis ne sera pas interprété comme s'étendant à toute action en droit ou en équité, intentée ou poursuivie contre l'un des États-Unis par des citoyens de un autre État, ou par des citoyens ou sujets de tout État étranger. De sérieuses controverses concernant l'émission d'injonctions par les tribunaux fédéraux contre des agents de l'État ont éclaté à New York, en Caroline du Nord, en Alabama, au Missouri, au Kansas, au Minnesota et dans d'autres États. Une convention des procureurs généraux d'un certain nombre d'États, tenue à Saint-Louis en septembre et octobre 1907, a adopté un mémoire adressé au président et au Congrès demandant que la compétence des tribunaux de circuit des États-Unis soit réduite en ce qui concerne poursuites intentées pour empêcher les agents de l'État d'appliquer les lois de l'État ou les ordonnances des conseils administratifs de l'État. Le Président, dans son message annuel au Congrès, a attiré l'attention de cet organe sur la question et a déclaré que le mécontentement était souvent exprimé face au recours à la procédure d'injonction par les tribunaux lorsque les lois des États étaient concernées. La réunion du Congrès a été marquée par l'introduction de nombreux projets de loi visant à restreindre le pouvoir des tribunaux fédéraux d'émettre des injonctions et par l'offre de plusieurs résolutions communes visant à amender la Constitution des États-Unis, qui avaient le même objet. La question figurera peut-être en bonne place lors de la prochaine campagne présidentielle. Il serait donc peut-être approprié de revoir à ce stade l'historique du onzième article d'amendement de la Constitution des États-Unis afin de voir quelle lumière cette histoire jette sur le but de ses auteurs. Avaient-ils l'intention, en interdisant les poursuites intentées par un individu contre un État, de refuser aux tribunaux des États-Unis le pouvoir d'interdire à un fonctionnaire de l'État d'appliquer une loi d'État en conflit avec la Constitution des États-Unis ?

En 1787 et 1788, lorsque le peuple des États-Unis envisageait l'adoption de la Constitution, des opinions divergentes furent exprimées quant à la capacité d' un État à recouvrer ses créances à son encontre. Hamilton, Madison et Marshall ont exprimé l'opinion qu'un État ne pourrait pas être poursuivi en justice par un individu en vertu de la Constitution telle qu'elle est rédigée. Un certain nombre d' hommes éminents, parmi lesquels Edmund Pendleton,

Patrick Henry et George Mason, étaient d'avis que le langage de la clause judiciaire conférait compétence pour connaître et trancher une telle poursuite. Certains ont avancé cela comme une objection à la Constitution. D'autres, dont James Wilson de Pennsylvanie et Edmund Randolph de Virginie, deux des avocats et publicistes les plus éminents de l'époque et membres de la Convention constitutionnelle, affirmaient non seulement que la compétence était conférée, mais qu'il était sage et nécessaire qu'une telle compétence existe. . Wilson a insisté sur le fait que « lorsqu'un citoyen a un différend avec un autre État, il devrait y avoir un tribunal où les deux parties peuvent se trouver sur un pied d'égalité et de justice », et Randolph a soutenu que la juridiction tendrait « à rendre valides et efficaces les réclamations existantes, et assurer, en fin de compte, cette justice qui se trouve dans tout gouvernement régulier. La Constitution des États-Unis a été adoptée telle que présentée, étant entendu que des amendements seraient rapidement proposés. Le premier congrès présenta douze amendements, dont dix furent adoptés, mais aucun d'eux ne mentionna la viabilité d'un Etat.

La question fut soumise à une décision judiciaire en 1792 dans le cadre d'une action intentée par Chisholm, un citoyen de l'État de Caroline du Sud, contre l'État de Géorgie devant la Cour suprême des États-Unis, sous sa juridiction d'origine. [24] L'action était une prise en charge pour recouvrer une dette. Le tribunal était alors composé du juge en chef Jay et des juges Cushing, Wilson, Blair, Johnson et Iredell. Le 18 février 1793, le tribunal a statué, le juge Iredell seul étant dissident, qu'en vertu de la Constitution telle qu'adoptée à l'origine, un État pouvait être poursuivi devant ce tribunal par un citoyen d'un autre État dans le cadre d'une action de prise en charge visant à faire respecter le paiement d'un contrat. dette. Cette décision, qui fut suivie par l'ouverture du procès Vassal *contre* Massachusetts, provoqua irritation et inquiétude parmi les États, et en particulier parmi ceux qui étaient lourdement endettés. Les journaux anti-fédéralistes se sont multipliés en invectives contre cette décision, qualifiée de violation de la souveraineté des États, et il a été déclaré que les peuples étaient « appelés à tirer l'épée contre cette atteinte à leurs droits ». On a dit, quoique avec une certaine exagération, que « les États se sont révoltés contre cette décision ». Quatre États ont formellement protesté. Bien que la Géorgie ait été le premier État à invoquer la compétence initiale de la Cour suprême, elle a néanmoins refusé de comparaître dans le procès Chisholm et a déposé des remontrances et des protestations contre l'exercice de sa compétence. Après cette décision, il a ouvertement défié l'autorité du pouvoir judiciaire national. En effet, McMaster, Cooley et d'autres auteurs affirment que la législature de Géorgie a immédiatement adopté une loi soumettant à la mort, sans le bénéfice du clergé, tout officier qui tenterait de servir un procès dans un procès contre l'État, mais aucune trace d'aucun un tel statut peut être trouvé. Probablement, comme quelqu'un l'a suggéré, la prétendue loi était un projet de loi qui n'a été adopté que par la branche inférieure de la législature. Quoi qu'il en soit, les législatures de Virginie, du Massachusetts et du Connecticut ont chargé leurs sénateurs et représentants d'obtenir l'adoption d'un amendement à la Constitution qui devrait empêcher les poursuites contre un État par un individu.

Le 20 février 1793, deux jours après que les avis dans l'affaire Chisholm *c.* Géorgie aient été rendus, une résolution fut proposée au Sénat des États-Unis proposant un amendement à la Constitution dans les termes suivants : « Le pouvoir judiciaire des États-Unis ne s'étendra pas à toute poursuite en droit ou en équité, intentée ou poursuivie contre l'un des États-Unis par des citoyens d'un autre État ou par des citoyens ou sujets de tout État étranger.

L'amendement proposé a été débattu dans une certaine mesure lors du deuxième Congrès, mais il n'a pas été adopté. Au Troisième Congrès, le 2 janvier 1794, Caleb Strong, l'un des sénateurs du Massachusetts, proposa l'adoption d'une résolution qui changeait la forme de l'amendement proposé de manière à se lire comme suit : « Le pouvoir judiciaire des États-Unis ne doit pas *être interprété comme* s'étendant à toute poursuite en droit ou en équité, intentée ou poursuivie contre l'un des États-Unis par des citoyens d'un autre État, ou par des citoyens ou sujets de tout État étranger.

L'amendement fut finalement accepté sous cette forme le 4 mars 1794 et fut immédiatement soumis aux législatures des différents États pour ratification, mais jusqu'en mars 1797, huit États n'avaient toujours pas donné suite à cet amendement, probablement parce que la clameur politique s'était apaisée et il n'y avait plus de demande d'amendement. En fait, le Congrès a dû demander au Président de communiquer avec les États en suspens à ce sujet. Finalement, dans un message du président Adams au Congrès daté du 8 janvier 1798, l'amendement proposé fut déclaré avoir été ratifié par les trois quarts des États, et il devint alors le onzième article d'amendement à la Constitution des États-Unis. Le New Jersey et la Pennsylvanie ont refusé de le ratifier, tandis que la Caroline du Sud et le Tennessee n'ont pris aucune mesure.

La formulation inhabituelle et particulière de l'amendement attire d'abord l'attention. Au lieu de déclarer comment la Constitution sera lue à l'avenir, il déclare comment elle ne sera « pas interprétée ». Cette phraséologie a été utilisée pour des raisons politiques et comme une concession aux susceptibilités des défenseurs des droits de l'État. Les extrémistes voulaient une déclaration qui non seulement annulerait la récente construction de la Constitution par la Cour suprême et nierait qu'un tel pouvoir ait jamais existé, mais qui évincerait également toute compétence dans les affaires en cours ainsi que dans les affaires futures. L'amendement ne prétend donc pas amender ou altérer la Constitution, mais la maintenir inchangée, tout en contrôlant sa portée et ses effets en déclarant avec autorité comment elle ne doit pas être interprétée.

Parlant du libellé de l'amendement, le juge en chef Marshall a déclaré dans le cas de Cohens *contre* Virginie : « Cela fait partie de notre histoire que, lors de l'adoption de la Constitution, tous les États étaient grandement endettés ; et la crainte que ces dettes puissent être poursuivies devant les tribunaux fédéraux constituait une objection très sérieuse à cet instrument. " Des poursuites furent intentées et le tribunal maintint sa compétence. L'alarme fut générale, et, pour apaiser les appréhensions qui furent si largement entretenues, cet amendement fut proposé au Congrès et adopté par les législatures des États. Son motif n'était pas de maintenir La souveraineté d'un État à partir de la dégradation censée assister à une comparution obligatoire devant le tribunal de la nation, peut être déduite des termes de l'amendement. Il ne comprend pas les controverses entre deux ou plusieurs États, ou entre un État et un État étranger. " La juridiction du tribunal s'étend encore à ces cas : et dans ceux-ci, un État peut encore être poursuivi. Il faut donc attribuer l'amendement à une autre cause que la dignité d'un État. Il n'y a aucune difficulté à trouver cette cause. Ceux qui étaient empêchés d'engager une action contre un État, ou d'engager des poursuites contre un État qui pourrait être engagé avant l'adoption de l'amendement, étaient des personnes qui pourraient probablement être ses créanciers. Il n'y avait pas vraiment de raisons de craindre que des États étrangers ou frères soient créanciers d'un montant considérable, et il y avait des raisons de conserver la compétence de la Cour dans ces cas-là, car elle pourrait être essentielle à la préservation de la paix. L'amendement s'étendait donc aux poursuites intentées ou poursuivies par des particuliers, mais pas à celles intentées par des États.

"La première impression produite dans l'esprit par cet amendement est qu'il était destiné aux cas, et à ceux seulement, dans lesquels une demande contre un État est formulée par un individu devant les tribunaux de l'Union. Si l'on considère les causes à laquelle il doit être rattaché, nous sommes conduits à la même conclusion. On pourrait bien éprouver un intérêt général à laisser à un État le plein pouvoir de consulter sa convenance pour le règlement de ses dettes ou d'autres créances sur lui ; mais non on pourrait ressentir un intérêt à changer les relations entre le tout et ses parties, de manière à priver le gouvernement des moyens de protéger, par l'intermédiaire de ses tribunaux, la Constitution et les lois contre toute violation active. [25]

On remarquera également que l'amendement ne fait pas référence aux poursuites intentées contre un État par l'un de ses propres citoyens. Cela était sans doute dû au fait que la Constitution n'étendait pas le pouvoir judiciaire des États-Unis, lorsqu'il dépendait du caractère des parties, aux controverses entre un État et ses propres citoyens, mais uniquement aux controverses entre un État et les citoyens d'un autre État ou de citoyens. ou sujets d'États étrangers. La distinction entre la compétence dépendant de la nature ou de l'objet du litige, quelle que soit la nature des parties, comme les cas découlant de la Constitution, des lois et des traités des États-Unis, et la compétence dépendant de la nature des parties, quelle que soit la nature des parties . La nature ou l'objet de la controverse n'avaient probablement pas alors été reconnus aussi clairement que l'a fait par la suite le juge en chef Marshall. L'omission du onzième amendement de mentionner les poursuites intentées contre un État par ses propres citoyens a donné lieu près de cent ans plus tard à l'affirmation selon laquelle un État pouvait être poursuivi devant une cour de circuit des États-Unis par l'un de ses propres citoyens dans une affaire découlant en vertu de la Constitution. Cela a été préconisé lors du mandat d'octobre 1889 dans les affaires Hans *contre* Louisiane et Caroline du Nord *contre* Temple [26], mais le tribunal a rejeté l'argument et a estimé qu'un État ne pouvait pas être poursuivi par un individu devant un tribunal américain, même dans les États-Unis. une affaire relevant de la Constitution. Le juge Bradley a rendu l'opinion du tribunal. Il a critiqué le raisonnement de la majorité dans l'affaire Chisholm *c.* Géorgie et a confirmé l'opinion dissidente du juge Iredell selon laquelle, en vertu de la Constitution telle qu'elle a été adoptée à l'origine, aucune action ne peut être intentée contre un État par un individu pour faire valoir ses dettes. sauf avec son consentement. Cependant, le juge Harlan, tout en convenant qu'une action intentée directement contre un État par l'un de ses propres citoyens pour faire recouvrer une dette ne relevait pas du pouvoir judiciaire des États-Unis, a critiqué les commentaires faits par le juge Bradley sur La décision dans l'affaire Chisholm *c.* Géorgie n'était pas nécessaire pour trancher l'affaire et a exprimé l'opinion que la décision antérieure était fondée sur une interprétation saine de la Constitution telle que cet instrument était alors rédigé.

Il a été déclaré dans des avis de la Cour suprême qu'un État peut être poursuivi devant un tribunal des États-Unis par un individu s'il renonce à son immunité et consent à être poursuivi. Mais on voit mal comment le consentement ou la renonciation d'un État peut, en tout cas et en toutes circonstances, conférer aux tribunaux fédéraux compétence pour connaître d'une action intentée contre lui par un citoyen d'un autre État ou un citoyen ou sujet d'un État étranger. face au mandat impératif de l'amendement selon lequel « le pouvoir judiciaire des États-Unis ne doit *pas être interprété comme s'étendant* à » une telle poursuite. Il est vrai que le tribunal, dans l'affaire Clark *contre* Barnard, a déclaré que l'immunité d'un État contre toute poursuite devant un tribunal fédéral était un privilège personnel auquel il pouvait renoncer à son gré et que sa comparution en tant que partie défenderesse devant un tribunal du Les États-Unis se soumettraient volontairement à leur compétence [27], mais dans ce cas, l'État est intervenu en tant qu'acteur et son intervention était telle qu'il pourrait être traité substantiellement comme un demandeur et la compétence soutenue au motif qu'un État peut poursuivre un individu devant un tribunal fédéral. Bien que dans l'affaire la plus récente Gunter *c.* Atlantic Coast Line [28], le juge White, rendant l'opinion de la cour, ait déclaré que le fait qu'un État puisse renoncer à son immunité était une proposition élémentaire, on observera que dans dans cette affaire, la poursuite était en fait dirigée contre un officier de l'État de Caroline du Sud et que l'État lui-même n'était pas partie au dossier. Il me semble, en toute déférence, que la cour n'a pas encore clairement abordé la question et, à ma connaissance, elle n'a jamais remis en question le principe fondamental selon lequel une cour fédérale ne peut exercer sa compétence dans aucune affaire dans laquelle le juge Le pouvoir des États-Unis, tel que délégué et défini dans la Constitution, ne s'étend pas. Une question entièrement différente se pose lorsque l'on considère si un fonctionnaire d'un État peut consentir ou être autorisé à consentir à être poursuivi devant un tribunal fédéral ; en d'autres termes, s'il peut renoncer à l'argument selon lequel l'État est une partie nécessaire au procès. Il ne s'ensuit pas que, parce qu'un État ne peut être poursuivi, il ne peut pas autoriser son agent à se défendre sur le fond sans invoquer l'absence de l'État en tant que véritable partie intéressée, et le déni de compétence sur l'État en tant que mandant n'a pas d'effet. implique nécessairement un déni de compétence à l'égard du dirigeant lorsqu'il accomplit ou tente d'accomplir un acte illégal en tant qu'agent ou représentant. Ainsi, une question différente est également posée dans les amendements ultérieurs, qui peuvent être considérés comme ayant nuancé le onzième amendement en autorisant le Congrès à appliquer leurs dispositions par une législation appropriée. Sur ce point, je ne suis pas prêt à exprimer une opinion pour le moment.

En interprétant le onzième amendement dans le but de vérifier sa véritable intention et sa véritable signification, comme d'ailleurs pour interpréter la plupart des dispositions de la Constitution et de ses amendements contemporains, la référence à l'histoire et à la common law d'Angleterre est généralement le guide le plus sûr quant à ce qui était compris et prévu à l'époque. C'est dans cette histoire que se trouveront les véritables sources de nos institutions, car celles-ci sont essentiellement et majoritairement anglaises. Les institutions juridiques et politiques de l'Angleterre étaient constamment présentes à l'esprit des fondateurs et du peuple. La common law a longtemps été considérée avec affection et respect comme un droit de naissance des Américains et comme la gardienne à la fois de leurs droits privés et de leurs libertés publiques. En effet, le Congrès continental, réuni en octobre 1774, avait déclaré les colonies ayant droit de plein droit à la common law.

La théorie de l'immunité d'un État ou des États-Unis contre une poursuite intentée par un individu sans son consentement est fréquemment affirmée comme étant analogue au principe monarchique quant à l'immunité du roi contre une poursuite sans son consentement, communément exprimé dans la maxime : « le roi ne peut rien faire de mal. » L'idée semble avoir été qu'en Angleterre, soumettre le roi à une poursuite intentée par un individu, sauf avec son consentement, serait considéré comme une atteinte à la souveraineté de la couronne et une atteinte à sa dignité. . Il est très douteux qu'une telle idée trouve un appui dans la common law ou dans l'histoire de l'Angleterre, ou dans l'usage et l'expérience traditionnels de ce pays, dans une mesure telle qu'on y insiste souvent.

Au contraire, en Angleterre, il était depuis longtemps considéré comme une loi établie que le sujet avait droit à un recours juridique efficace contre toute atteinte à ses droits légaux par le roi ou le gouvernement. Il avait le droit de poursuivre le roi pour la restitution de biens ou d'argent ou pour le recouvrement de dommages-intérêts pour rupture de contrat, et de poursuivre les officiers de la couronne pour tout acte délictuel. La pratique établie depuis des siècles était de présenter au roi une pétition demandant l'autorisation de le poursuivre en justice, et la coutume était que le roi, bien sûr, approuve sur la pétition son décret pour que ce droit soit fait. Par la suite, l'action s'est déroulée comme n'importe quelle autre action entre sujet et sujet. Ce droit était concédé aux étrangers comme aux sujets. Bien que l'autorisation de poursuivre soit nominalement ou théoriquement accordée par grâce et non par contrainte, c'était en fait le devoir constitutionnel du roi de l'accorder, et elle était rarement refusée. En vertu de la common law, le sujet avait le droit, en tant qu'une des libertés immémoriales des Anglais, d'informer son roi de la nature de tout grief, et sur ce, dans les termes de Blackstone, « comme la loi présume que Connaître tout préjudice et le réparer sont inséparables dans le sein royal, il délivre alors, comme bien entendu, au nom même du roi, ses ordres à ses juges de rendre justice à la partie lésée. »

La nature de la procédure fondée sur une requête en droit a été examinée par la Cour suprême des États-Unis dans plusieurs affaires, et ses décisions montrent clairement que le recours ne doit pas être considéré comme une simple question de grâce, mais comme un droit. de poursuivre et d'obtenir réparation dans la catégorie de cas à laquelle elle s'applique. Ainsi, le juge en chef Marshall, rendant l'opinion du tribunal dans l'affaire Marbury *contre* Madison au mois de février 1803, a déclaré : « En Grande-Bretagne, le roi lui-même est poursuivi sous la forme respectueuse d'une pétition, et il ne manque jamais de se conformer aux le jugement de son tribunal. » [29] Dans l'affaire États-Unis *contre* O'Keefe, le tribunal du mois de décembre 1870 a examiné la nature du recours en interprétant la loi du Congrès du 27 juillet 1868, aujourd'hui l'article 1068 des Statuts révisés des États-Unis. Le juge Davis, s'exprimant au nom de la cour, a déclaré : « Ce précieux privilège, garanti au sujet à l'époque d'Édouard Ier, est maintenant cristallisé dans la common law d'Angleterre. Comme la prière de la requête est accordée *ex debito justitiae* , cela s'appelle une requête de droit, et c'est une procédure judiciaire, qui doit être jugée comme des procès entre sujet à sujet... Il n'a aucune conséquence que, en théorie parlant, la permission de la couronne soit nécessaire au dépôt de la requête. pétition, parce que c'est le devoir du roi de l'accorder, et le droit du sujet de la demander. Et on voit qu'elle n'est jamais refusée, sauf dans des cas très extraordinaires, et cela ne prouve rien contre l'existence de ce droit. ... Si la manière de procéder pour l'appliquer est formelle et cérémonieuse, elle constitue néanmoins un remède pratique et efficace à l'invasion par le pouvoir souverain des droits individuels . [30] Et dans l' affaire Carlisle *c.* États-Unis, le tribunal a statué que, dans le cadre de la procédure connue sous le nom de pétition de droit, le gouvernement de la Grande-Bretagne accordait « le droit de poursuivre les réclamations contre un tel gouvernement devant ses tribunaux » non seulement aux sujets mais aux extraterrestres. [31] Plus tard encore, dans la célèbre affaire États-Unis *contre* Lee, qui était une action en justice visant à récupérer la propriété connue sous le nom de cimetière national d'Arlington de la possession d'officiers du gouvernement des États-Unis, le juge Miller, délivrant le Selon l'avis du tribunal : « On estime que la requête en droit, telle qu'elle a été pratiquée et observée dans l'administration de la justice en Angleterre, a été aussi efficace pour garantir les droits des prétendants contre la couronne dans tous les cas appropriés à les procédures judiciaires , comme celles que la loi accorde aux sujets du roi dans les controverses juridiques entre eux. [32]

Le recours en vertu de la requête en droit s'est maintenu intact jusqu'à présent. La procédure est désormais réglementée par la loi 23 et 24 Victoria, ch. 34, adoptée le 3 juillet 1860. La loi prévoit que le roi, au moyen de cette procédure, peut être poursuivi en justice ou en équité selon le cas particulier, et que le recours accordé « doit comprendre toute espèce de réparation réclamée ou demandée ». dans une telle requête en droit, qu'il s'agisse d'une restitution de tout droit incorporel, ou d'une restitution de terres ou de biens meubles, ou d'un paiement d'argent ou de dommages-intérêts, ou autrement. En accordant ou en refusant la pétition, le roi agit sous l'avis du ministre de l'Intérieur, et ce dernier est responsable devant le Parlement au cas où il conseillerait arbitrairement ou à tort un refus.

Toutefois, la requête en droit n'est possible que dans les cas où l'on cherche à obtenir la restitution de terres ou de biens, ou, si la restitution ne peut être accordée, une compensation en argent, ou lorsque la réclamation découle d'un contrat, comme pour les biens. fournis à la Couronne ou à la fonction publique. Cela ne s'étend pas aux cas de délit. Si le roi personnellement commettait ou menaçait de commettre un délit, comme par exemple une intrusion, il ne pourrait être poursuivi ni devant un tribunal civil ni devant un tribunal criminel ; les tribunaux de droit commun n'ont aucun moyen de le réprimer ou de le punir personnellement, ni de lui accorder réparation pour tout tort qu'il aurait commis personnellement. Non seulement la maxime selon laquelle « le roi ne peut faire de mal » empêche tout tribunal ordinaire d'accorder réparation contre le roi lui-même, mais les tribunaux n'ont aucune compétence à son encontre en cas de délit.

Néanmoins, cette maxime ancienne et fondamentale n'a jamais signifié que le roi était au-dessus de la loi ou pouvait violer la loi en toute impunité, ni n'a jamais été comprise dans le sens où tout ce que faisait le roi devait être considéré comme juste et licite. Au contraire, il a été proclamé sans crainte à l'époque de Bracton que le roi était au-dessous de la loi et tenu de lui obéir, et dans son serment de couronnement, il jure de l'observer et de la respecter.

Mais quelle qu'ait pu être l'immunité personnelle du roi, il était établi en common law bien avant l'adoption de la Constitution des États-Unis que l'immunité de poursuite ne s'étendait à aucun officier ou serviteur de la couronne. L'exonération même du roi de toute responsabilité devant les tribunaux en cas de délit établissait de manière concluante la responsabilité personnelle d'un officier ou d'un serviteur de la couronne, et la direction ou l'autorité du roi ne constituait aucun mandat ou défense pour un acte illicite et illégal. fait par n'importe quel officier ou serviteur. Comme l'a déclaré la Cour suprême dans l'affaire Langford *c.* États-Unis : « La maxime anglaise ne déclare pas que le gouvernement, ou ceux qui l'administrent, ne peuvent pas commettre de mal ; fait par le pouvoir en place, dont le ministère est, pour l'instant, tenu responsable. [33]

Les Anglais se vantaient depuis des siècles de ce qu'aucun fonctionnaire du gouvernement n'était au-dessus des lois ordinaires. Dans ses intéressantes conférences à Oxford en tant que successeur de Blackstone à la chaire vinérienne , le professeur Dicey déclare : « En Angleterre, l'idée de l'égalité juridique, ou de la soumission universelle de toutes les classes, à une loi administrée par les tribunaux ordinaires, a été poussée chez nous, tout fonctionnaire, depuis le premier ministre jusqu'à un agent de police ou un percepteur d'impôts, est soumis à la même responsabilité pour tout acte accompli sans justification légale que n'importe quel autre citoyen. Les rapports abondent de cas dans lesquels des fonctionnaires ont ont été traduits devant les tribunaux et rendus, à titre personnel, passibles d'une peine ou du paiement de dommages-intérêts, pour des actes accomplis dans le cadre de leur caractère officiel mais au-delà de leur autorité légale. Un gouverneur colonial, un secrétaire d'État, un L'officier militaire et tous ses subordonnés, bien qu'exécutant les ordres de leurs supérieurs officiels, sont aussi responsables de tout acte que la loi n'autorise pas, comme l'est toute personne privée et non officielle. [34] Et Anson dans son « Law and Custom of the Constitution » souligne que la Constitution anglaise « n'a jamais reconnu aucune distinction entre les citoyens qui sont et ceux qui ne sont pas officiers de l'État en ce qui concerne la loi qui régit leur conduite. ou la juridiction qui les traite. Dans la célèbre affaire Entick *contre* Carrington (1765), un secrétaire d'État cherchait à bénéficier de l'immunité en tant qu'officier de la Couronne contre une action en dommages-intérêts en plaidant la raison d'État pour un acte illégal, mais le Lord Chief Justice Camden a déclaré que « avec respect à l'argument de la nécessité de l'État ou à une distinction qui a été recherchée entre les infractions de l'État et les autres, la common law ne comprend pas ce genre de raisonnement, et nos livres ne tiennent pas non plus compte de telles distinctions. [35] Et cent ans plus tard, dans l'affaire Feather *c.* The Queen, le Lord Chief Justice Cockburn a déclaré qu'« aucune autorité n'est nécessaire pour établir qu'un serviteur de la Couronne est responsable en droit d'un acte délictueux commis envers un autre sujet, bien que pris par l'autorité de la couronne, une position qui nous semble reposer sur des principes trop bien établis pour être sujets à caution, et qui sont également essentiels pour maintenir la dignité de la couronne d'une part, et le d'autre part, les droits et libertés du sujet." [36]

De plus, la règle du *supérieur responsable* ne s'applique pas au roi. La présomption juridique concluante est que le roi ne peut commettre aucun tort juridique, ce qui conduit à la présomption concluante supplémentaire selon laquelle, aux yeux de la loi, il ne peut pas autoriser ou ordonner un tort. Tout officier exécutif de la couronne est donc traité comme s'il était un principal et, en tant que tel, est tenu personnellement responsable chaque fois qu'un droit légal du sujet a été envahi par lui, bien qu'il puisse avoir agi sous l'ordre direct du roi. , par son commandement et même en sa présence. L'irresponsabilité civile du roi pour des actes délictueux n'aurait pas pu être maintenue avec une quelconque apparence de justice si les officiers et agents de la couronne n'avaient pas été tenus personnellement responsables des actes illégaux commis par eux, et si le roi n'avait pas été contraint de agir par l'intermédiaire d'agents responsables. Dès les premiers temps, on a jugé essentiel que le roi agisse toujours par l'intermédiaire d'un officier ou d'un serviteur, afin qu'il y ait quelqu'un sur qui la responsabilité puisse être imputée. Lord Coke déclare dans ses « Institutes » que « le roi, étant un corps politique, ne peut commander que par acte ». La coutume et la loi exigeaient très tôt que tous les actes exécutifs auxquels le souverain était nécessairement partie devaient être accomplis sous certaines formes et authentifiés par la signature ou le sceau d'un officier. L'intervention d'un officier était toujours nécessaire. En fait, un ministre ou un fonctionnaire de la Couronne peut être tenu entièrement responsable de tout acte illégal. Anson déclare qu '«il n'y a presque rien que le souverain puisse faire sans l'intervention des formes écrites, et rien dont un ministre ne soit pas responsable».

Bien que les poursuites engagées en Angleterre contre les officiers de la couronne étaient généralement judiciaires, il ne peut y avoir aucun doute raisonnable que la Cour de la Chancellerie, au moment où notre Constitution a été adoptée, avait plein pouvoir, au moyen d'un bref d'injonction, pour empêcher un officier de la couronne de violer la loi lorsque le recours en justice dans une poursuite en dommages-intérêts ou pour possession de biens immobiliers ou personnels aurait été totalement inadéquat et inefficace. Le grand procès d'État, connu sous le nom d'affaire des banquiers [37], dans lequel Lord Somers fut rejeté par la Chambre des Lords, ne laissa aucun doute quant au principe et à la compétence des tribunaux dans les poursuites contre les officiers de la Couronne. Comme le professeur Goodnow l'a montré dans son ouvrage sur le « Droit administratif comparé », les tribunaux anglais étaient depuis longtemps habitués, d'une manière ou d'une autre, à contrôler les fonctionnaires de la Couronne et les hauts fonctionnaires du gouvernement et à les contraindre à obéir à la loi. Tous les grands brefs, qui étaient d'abord des brefs de prérogative, avaient été délivrés à l'origine pour contrôler les officiers administratifs ou judiciaires. Telle était la fonction originelle de l'homme damus, de l'habeas corpus, quo warranto, de l'interdiction. Les injonctions, il est vrai, semblent rarement avoir été utilisées en Angleterre comme moyen d'empêcher une action administrative, et on ne trouve que quelques cas où elles ont été ainsi utilisées, mais, selon des principes bien établis, tout fonctionnaire administratif ou exécutif menaçant commettre un acte illégal qui porterait atteinte à l'individu dans ses droits de propriété était soumis à la compétence des tribunaux d'équité dans les controverses nécessitant leur intervention.

Il est également vrai qu'il n'existe aucun cas en Angleterre où des officiers aient été tenus responsables de dommages-intérêts pour avoir appliqué une loi du Parlement ou aient été empêchés d'appliquer ses dispositions, mais cela est bien entendu le résultat de la législation. la souveraineté du Parlement et du fait qu'aucune limitation constitutionnelle ne lui est imposée. Néanmoins, les mêmes principes qui soumettent les fonctionnaires du gouvernement en Angleterre au droit ordinaire et aux tribunaux ordinaires pour tout acte illégal commis ou menacé autoriseraient clairement l'émission d'injonctions restreignant l'application d'une loi inconstitutionnelle s'il existait des limitations constitutionnelles au pouvoir législatif. pouvoir du parlement anglais. Ainsi, par exemple, une loi coloniale, ou une règle, un arrêté ou une ordonnance municipale ou administrative en conflit avec une loi du Parlement serait illégal et nul et, dans le cadre de principes établis, son application pourrait être restreinte si d'autres motifs de il existait une juridiction en matière d'équité.

À la lumière des règles de droit commun, établies depuis longtemps et bien connues, établissant la distinction entre les poursuites contre le roi en vertu d'une pétition de droit et les poursuites contre les officiers de la couronne pour violation des droits légaux des individus, il est très significatif et convaincant, sinon convaincant, que les auteurs du onzième amendement ont limité son langage aux poursuites directement contre un État et n'ont pas tenté d'interdire les poursuites contre les agents d'un État lorsqu'ils agissent en tant que ses représentants. Ils n'auraient guère pu vouloir qu'un principe tel que « le roi ne peut faire de mal » ait sa place dans notre système de gouvernement au détriment des droits constitutionnels des individus. Nous n'avons pas de roi à qui cela puisse s'appliquer. Ils n'avaient sûrement pas l'intention d'accorder moins de protection et moins de réparation contre l'invasion des droits des citoyens par ceux qui étaient au pouvoir que ce qui était accordé aux sujets du roi dans l'Angleterre monarchique. Ils ne pouvaient ignorer les affaires fameuses qui avaient établi la responsabilité légale de tous les officiers du gouvernement anglais et leur subordination à la juridiction des tribunaux ordinaires. Ils ont dû envisager que les lois des États pourraient être adoptées en contradiction avec la Constitution des États-Unis et que ces lois devraient nécessairement être appliquées ou que des agents de l'État devraient nécessairement tenter de les faire appliquer. Et ils ont dû comprendre que si les officiers de l'État, en tant qu'agents de leurs États respectifs, bénéficiaient de l'immunité de poursuites devant un tribunal des États-Unis parce qu'ils agissaient pour le compte de leur État, la Constitution pourrait, à bien des égards, être entièrement rendue. inefficace et inutile.

L'omission d'interdire les poursuites contre les agents d'un État doit donc avoir été intentionnelle. En fait, il est hautement improbable que quiconque, à l'époque, ait pensé que le langage adopté était suffisamment large pour interdire les poursuites contre les agents d'un État. Au contraire, il est légitime de supposer que les auteurs du onzième amendement n'avaient pas l'intention de permettre à un fonctionnaire d'un État, tout en agissant sous le couvert ou l'excuse d'une loi d'État inconstitutionnelle, d'envahir ou de nier tout droit garanti par la Constitution. des États-Unis, ou qu'un tel fonctionnaire de l'État devrait être à l'abri de toute poursuite devant un tribunal des États-Unis simplement parce qu'il agissait à titre représentatif en tant qu'agent de l'État. Les tribunaux des États-Unis étaient spécialement chargés de préserver la Constitution, dans la mesure même où elle peut être préservée par l'autorité judiciaire. Le « Fédéraliste » montre à quel point il était clairement envisagé que les tribunaux fédéraux devaient avoir le pouvoir d'annuler les lois des États en violation flagrante de la Constitution. Si les agents de l'État étaient soustraits à la juridiction des tribunaux nationaux, leur serment de soutenir la Constitution des États-Unis pourrait devenir une simple cérémonie vide de sens, sans obligation ni sanction exécutoire. Si les agents d'un État ne pouvaient pas être poursuivis en équité devant un tribunal fédéral dans le cadre d'une action visant à interdire l'application de lois inconstitutionnelles de l'État, de nombreuses dispositions de la Constitution, d'égale autorité avec le onzième amendement, pourraient ne pas être effectivement applicables sauf par la grâce des États. Les interdictions contre les États, qui existaient lorsque le onzième amendement a été adopté, telles que celle selon laquelle aucun État ne doit émettre des lettres de crédit, ou faire autre chose que des pièces d'or et d'argent comme moyen de paiement de dettes, ou adopter une lettre de créance, ou toute autre monnaie. une loi ex post facto, ou toute loi portant atteinte à l'obligation des contrats, ou imposant des impôts ou des droits sur les importations ou les exportations, pourrait dans une large mesure être annulée et rendue pratiquement inefficace, si les agents d'un État ne pouvaient être poursuivis devant un tribunal fédéral. En effet, les treizième, quatorzième et quinzième amendements seraient privés d'une grande partie de l'effet escompté si les agents de l'État appliquant les lois inconstitutionnelles de l'État et dotés du pouvoir de l'État ne pouvaient pas être poursuivis et condamnés devant un tribunal fédéral.

Cependant, comme chacun de ces amendements ultérieurs prévoit que « le Congrès aura le pouvoir de faire appliquer cet article par une législation appropriée », il a été suggéré que cette disposition pourrait être interprétée comme limitant l'interdiction du onzième amendement et comme habilitant le Congrès à conférer au les tribunaux de la juridiction des États-Unis pour les poursuites contre des États ou des agents de l'État comme moyen approprié de faire appliquer les modifications ultérieures. Le juge Shiras a fait référence à ce point de vue dans l'affaire Prout *contre* Starr et a déclaré : « Le onzième amendement peut encore moins être invoqué avec succès comme un obstacle invincible à une enquête judiciaire pour savoir si les dispositions salutaires du quatorzième amendement ont été ignorées par les textes législatifs de l'État. ". [38]

Les tribunaux des États-Unis et de plusieurs États ont généralement adopté et appliqué la common law anglaise quant à la soumission des dirigeants et des agents administratifs à la juridiction des tribunaux ordinaires et à leur responsabilité personnelle pour tout acte illégal commis par eux ou sous leur contrôle. direction. Il ne fait plus aucun doute que le onzième amendement ne protège pas les agents de l'État contre des poursuites judiciaires devant un tribunal des États-Unis pour obtenir des dommages-intérêts pour toute atteinte aux droits privés sous le couvert d'une loi inconstitutionnelle, ou pour récupérer la possession de biens immobiliers. biens sous la garde de ces agents. La règle est axiomatique qu'aucun officier de justice dans ce pays n'est si haut placé au-dessus de la Constitution des États-Unis, et qu'aucun officier de justice, étatique ou national, ne peut la violer sous le couvert ou l'excuse d'une loi, nationale ou nationale. l'État, en contradiction avec ses dispositions. Le fait qu'un officier ait agi au nom d'un État sous la direction ou l'autorité d'une loi inconstitutionnelle, ou sous les ordres d'un supérieur, ne constitue pas un moyen de défense contre une action en justice en restitution ou en dommages-intérêts pour toute atteinte aux droits individuels. plus que le commandement du roi ou du premier ministre constituerait une défense en Angleterre. La prétendue loi est considérée comme nulle et absolument nulle à toutes fins, sauf peut-être comme niant l'existence de malveillance, de mauvaise foi ou d' intention criminelle. Mais cela ne confère aucun mandat ni autorité et n'offre aucune défense ou protection.

Le raisonnement fondamental sur lequel reposent ces conclusions est que l'État, entité politique abstraite, ne peut parler et agir que par des lois valides, qu'une loi inconstitutionnelle ne peut pas constituer son acte juridique, qu'il ne peut, légalement parlant, autoriser aucun acte contraire à la Constitution. avec la Constitution, qu'aucun fonctionnaire d'un État, pas même le gouverneur, ne peut avoir l'obligation légale ou la fonction exécutive légale de méconnaître ou de violer la Constitution, et que tout tort tenté en son nom doit être définitivement imputé à son dirigeant, qui ne peut pas invoquer sa qualité de représentant. La distinction entre le gouvernement d'un État et l'État lui-même est clarifiée par le juge Matthews dans l'affaire Poindexter *c.* Greenhow. [39]

Les questions les plus difficiles, cependant, sont celles qui se posent dans le cadre de poursuites en équité visant à empêcher les agents de l'État d'appliquer les lois de l'État jugées inconstitutionnelles. Les principes de justice les plus élémentaires semblent dans de nombreux cas exiger une réparation préventive, car il peut être d'une importance vitale qu'un agent soit empêché de commettre un acte illégal causant un préjudice irréparable à l'individu. Manifestement, il serait injuste et injuste de dire à ce dernier qu'il doit attendre que ses droits soient violés ou que ses biens soient confisqués ou détruits. Ce point a été présenté pour la première fois à la Cour suprême en 1824 dans l'affaire Osborn *contre* Banque des États-Unis. [40] Il a ensuite été déclaré, dans l'un des célèbres avis du juge en chef Marshall, que, nonobstant le onzième amendement, une cour de circuit des États-Unis avait compétence en équité pour empêcher un agent de l'État d'exécuter ou de faire respecter une loi d'État inconstitutionnelle lorsqu'il le souhaitait. son exécution violerait les droits et privilèges du plaignant garantis par la Constitution des États-Unis et lui causerait des dommages et des préjudices irréparables, pour lesquels aucun recours clair, adéquat et complet ne pourrait être obtenu en droit.

La doctrine générale de l'affaire Osborn n'a jamais été écartée et elle a fait l'objet d'innombrables procès qui ont protégé les droits de propriété contre l'application de lois étatiques en conflit avec la Constitution des États-Unis.

Il n'est pas exagéré de dire que cette doctrine, plus que toute autre, a fait de la Constitution un bouclier efficace contre les législations oppressives, tyranniques et confiscatoires, et a contraint les États à obéir à la loi suprême de la Constitution. Le raisonnement du juge en chef Marshall est très logique et lucide, et il est très convaincant. Si, comme on l'admettait alors incontestable, le privilège ou l'immunité de l'État comme mandant n'était pas communiqué à l'officier en tant qu'agent, et si une action en justice pouvait être engagée contre l'officier dans laquelle une pleine compensation devrait être faite pour un préjudice juridique. préjudice résultant d'un acte illégal accompli en vertu d'une loi inconstitutionnelle et nulle, il n'y avait aucune raison pour que le pouvoir préventif d'un tribunal d'équité ne s'applique pas également à un tel officier ou pour qu'il ne l'empêche pas de commettre un tort. ce qui le punirait pour avoir commis. « Si, poursuit le juge en chef, la partie devant le tribunal est responsable de la totalité du préjudice, pourquoi ne peut-elle pas être empêchée de la commettre, si aucune autre partie ne peut être amenée devant le tribunal ? Il a été souligné que le fait même que l'État ne pouvait être poursuivi était une raison pour autoriser le procès en son absence contre l'officier ou l'agent. Nous avons ici un autre exemple de la manière dont, dans l'évolution des principes juridiques, les mêmes causes produisent les mêmes résultats. Comme en Angleterre, le fait que le roi ne pouvait être poursuivi devant les tribunaux ordinaires pour un tort a conduit à la règle que son immunité ou son irresponsabilité ne devait pas être étendue à ses serviteurs ou agents et que ces derniers devaient être tenus personnellement responsables de tout ils l'ont fait sous les ordres du roi, en violation des droits légaux d'un individu. Ainsi, chez nous, le fait qu'un État ne puisse pas être poursuivi devant un tribunal fédéral a conduit à la règle selon laquelle son immunité ou son irresponsabilité ne devait pas être étendue à ses officiers et qu'ils pouvaient être poursuivis en tant qu'auteurs responsables, même lorsqu'ils agissaient en vertu d'une loi de l'État et en tant qu'agents ou représentants de l'État.

Le juge en chef Marshall a également déclaré dans l'affaire Osborn qu'on pourrait « énoncer comme une règle qui n'admet aucune exception que, dans tous les cas où la compétence dépend de la partie, c'est la partie nommée dans le dossier. En conséquence, le onzième amendement , qui restreint la compétence accordée par la Constitution sur les poursuites contre les États, est, par nécessité, limitée aux poursuites dans lesquelles un État est officiellement partie. L'amendement a tout son effet, si la Constitution est interprétée comme elle aurait aurait été interprété si la compétence du tribunal n'avait jamais été étendue aux poursuites intentées contre un État, par les citoyens d'un autre État ou par des étrangers. L'État n'étant pas partie au dossier et le tribunal ayant compétence sur ceux qui sont parties au dossier Selon le dossier, la véritable question n'est pas celle de la compétence, mais celle de savoir si, dans l'exercice de sa compétence, le tribunal doit rendre un jugement contre les défendeurs ; s'ils doivent être considérés comme ayant un intérêt réel ou comme n'étant qu'un intérêt nominal. des soirées." Ce raisonnement a été réaffirmé par la Cour suprême jusqu'en 1872 dans l'affaire Davis *contre* Gray, [41] qui était une poursuite contre le gouverneur de l'État du Texas. Mais dans des affaires ultérieures, cela a été répudié, et le tribunal a déclaré que « il doit être considéré comme une doctrine bien établie de ce tribunal, établie par ses récentes décisions, « que la question de savoir si une action relève de l'interdiction du onzième amendement est ne doit pas toujours être déterminé par référence aux partis nominaux inscrits dans le dossier. » [42]

Il peut néanmoins être maintenant intéressant et utile de réexaminer la doctrine énoncée par le juge en chef Marshall et de se demander si, après tout, elle ne contient pas la règle vraie et solide qui devrait régir cette question, compte tenu notamment du fait que les décisions qui se sont écartées de son raisonnement n'ont pas réussi à indiquer un quelconque critère précis pour nous guider dans la détermination du moment où une action contre un fonctionnaire de l'État doit être ou non considérée comme une action contre l'État au sens véritable du onzième amendement. . La question doit être considérée comme si la compétence des tribunaux fédéraux n'avait jamais été étendue aux poursuites intentées par un particulier contre un État. L'enquête de contrôle dans une poursuite contre un fonctionnaire de l'État devrait logiquement porter sur la question de savoir si la réparation ou la réparation demandée peut être valablement accordée en l'absence de l'État en tant que partie défenderesse ; en d'autres termes, si l'État est ou non un acteur nécessaire et indispensable ; et cette enquête doit être déterminée par le résultat ou le fardeau du jugement qui peut être inscrit. Si, par exemple, l'action vise à interdire l'application d'une loi inconstitutionnelle réglementant les taux ou imposant des impôts, il faut présumer que l'État n'a pas autorisé le tort, qu'il ne peut avoir aucun souci ou intérêt juridique à une promulgation nulle de sa loi. législature, et qu'il ne peut pas être entendu pour faire valoir un quelconque droit de voir ses agents violer la Constitution des États-Unis à son profit. Si, en revanche, la réparation ou la réparation demandée porte atteinte aux droits de propriété ou aux fonds de l'État, ou l'oblige à payer ses dettes, ou exige l'exécution concrète d'un contrat par l'État, ou l'exécution ou l'omission de faire Pour tout acte de l'État lui-même, le tribunal doit nécessairement considérer qu'il est une partie nécessaire et indispensable et que, comme il ne peut être poursuivi devant un tribunal fédéral faute de compétence à son égard, la poursuite doit être rejetée. Ce rejet, cependant, ne serait pas dû à un manque de juridiction ou de pouvoir judiciaire sur l'officier d'État individuel en tant que défendeur, ni parce que la poursuite était dirigée contre l'État - car l'État n'était pas partie et on cherchait à se passer de sa présence - mais parce que l'État était une partie défenderesse indispensable et que le procès ne pouvait pas avoir lieu en son absence.

Revenir à ce point de vue aurait pour résultat de simplifier l'examen de nombreux cas et de concilier de nombreux raisonnements contradictoires. Nous devrions alors disposer d'un critère précis et logique pour nous guider dans les affaires contre des agents de l'État. Si le tribunal concluait que l'État n'était pas une partie nécessaire et indispensable, la question dans de tels cas se limiterait à la question de savoir si la réparation devrait être accordée contre l'agent dans le cadre des principes établis d'équité, de jurisprudence et de procédure.

Reste la question de savoir s'il faut interdire les poursuites pénales. La compétence d'un tribunal d'équité devrait-elle être écartée simplement parce que l'État a autorisé ses agents à faire appliquer des réglementations inconstitutionnelles affectant les droits de propriété par une action pénale plutôt que par une action civile ? La Cour suprême a statué que, nonobstant le principe général selon lequel un tribunal d'équité n'a pas compétence pour statuer sur un projet de loi visant à suspendre une procédure pénale, il peut néanmoins interdire à un fonctionnaire de l'État d'engager une telle procédure lorsque les droits de propriété sont sur le point d'être envahis et détruits par le biais de la procédure pénale . instrument d'une loi inconstitutionnelle prévoyant son application par des procédures pénales. La nature d'une question ou d'une controverse essentiellement civile, comme celle entre les expéditeurs ou les passagers d'un côté et une compagnie ferroviaire de l'autre quant au caractère raisonnable des tarifs, ne peut être modifiée par décision législative. L'exercice d'une telle compétence pour restreindre les procédures pénales s'est avéré nécessaire dans de nombreuses affaires récentes où une défense lors d'un procès criminel devant jury n'offrirait aucune protection juste ou adéquate à ceux dont les droits de propriété étaient affectés. Le litige, par exemple, en vertu d'un projet de loi en équité visant à restreindre l'application d'une loi pénale inconstitutionnelle réglementant les tarifs présente une controverse de nature civile avec l'officier et non avec l'État, et la seule question est de savoir si un tribunal d'équité devrait intervenir, ou devraient laisser ceux contre lesquels des poursuites pénales sont menacées se défendre en s'opposant à l'acte d'accusation ou au procès au fond. Cette dernière solution sera toujours utilisée lorsqu'une défense en droit offrira une protection raisonnablement juste et adéquate. Mais lorsqu'un moyen de défense juridique n'offre pas la protection requise et qu'un préjudice irréparable à la propriété est menacé, il n'y a aucune raison pour qu'un tribunal d'équité n'intervienne pas dans un tel cas et n'accorde pas protection et réparation.

Beaucoup peuvent se demander si les deux arrêts phares qui attirent aujourd'hui tant d'attention, à savoir In re Ayers [43] et Fitts *vs.* McGhee [44], ont nécessairement posé une question au titre du onzième amendement, et s'ils ne devraient pas ont été réglées uniquement au motif qu'un tribunal d'équité n'aurait pas dû interdire les poursuites ou poursuites menacées. Il est probable qu'aucune des poursuites en équité examinées dans ces deux affaires n'aurait pu être maintenue selon les principes généraux de la jurisprudence en matière d'équité, même si l'État avait été poursuivi devant un tribunal des États-Unis, car aucun préjudice irréparable n'était menacé et la possibilité de se défendre devant un tribunal américain n'aurait probablement pas été possible. la loi semble offrir une protection raisonnable.

La question du droit de poursuivre un fonctionnaire de l'État pour restreindre l'application d'une loi inconstitutionnelle réglementant les tarifs et les redevances des compagnies ferroviaires est actuellement pendante sous certains aspects devant la Cour suprême dans des affaires importantes impliquant des lois du Minnesota et de la Caroline du Nord. Ces affaires ont été pleinement et efficacement argumentées et sont en délibéré, et elles pourraient conduire à un réexamen de certains des raisonnements des affaires antérieures. Une décision globale pourrait donc être rendue prochainement, qui éliminerait certaines des raisons des malentendus et des conflits existants entre les États et les tribunaux fédéraux. [45]

Le temps dont nous disposons ne nous permet pas d'examiner les nombreux cas remarquables et intéressants qui se sont produits dans le cadre du onzième amendement et qui nous entraînent fréquemment dans le domaine du droit public et de la politique. Les décisions principales sont bien entendu celles de la Cour suprême, mais de nombreux avis instructifs peuvent être trouvés dans les tribunaux fédéraux inférieurs. L'augmentation constante des fonctions gouvernementales et l'ingérence dans la liberté et l'action individuelles seront certainement une source fructueuse de litiges à l'avenir et nécessiteront un examen fréquent de la portée du onzième amendement.

En discutant du sujet des poursuites visant à restreindre l'application des lois de l'État prétendument inconstitutionnelles, nous ne devrions pas négliger ou passer inaperçu les tentatives faites dans les récentes lois réglementant les tarifs et les redevances pour contraindre ou intimider les chemins de fer et autres sociétés de service public à obéir et à abandonner immédiatement. de leur droit constitutionnel de faire appel aux tribunaux, en leur imposant des amendes et des pénalités énormes et déraisonnables, ou en les menaçant de la perte de la protection du gouvernement. De lourdes amendes ou pénalités sont attachées aux violations de la loi ; et, comme les transactions de ces corporations sont généralement très nombreuses, la désobéissance à une loi, ne serait-ce que de bonne foi, dans le but d'en tester la validité, entraînerait en quelques jours le risque de la faillite. Le but avoué ou mal dissimulé de ces amendes et pénalités et du recours au droit pénal est d'empêcher toute ingérence des tribunaux d'équité. L'idée, avancée dans de nombreux milieux et sous de nombreux déguisements, semble être que les sociétés doivent être interdites à moins qu'elles ne consentent à abandonner leur droit de faire appel aux tribunaux pour se protéger contre les lois inconstitutionnelles et les textes nuls et oppressifs. Cet esprit injuste est répandu. Par exemple, alors que la loi fédérale sur la responsabilité des employeurs, récemment déclarée inconstitutionnelle par la Cour suprême des États-Unis, était en cours d'examen par cette cour, le président Roosevelt, dans son discours de Jamestown, critiquait les compagnies de chemin de fer pour avoir contesté la validité de la loi et suggérait que « la loi devrait être telle qu'il sera impossible aux chemins de fer de la combattre avec succès sans perdre ainsi tout droit à la protection du gouvernement fédéral en aucune circonstance ».

Les tribunaux ont souligné à plusieurs reprises que les propriétaires de biens affectés à un usage public ont droit à une enquête judiciaire juste et adéquate s'ils soutiennent que les taux ou frais prescrits par un législateur sont déraisonnables et confiscatoires. Cela ne fait que reconnaître que les propriétaires de chemins de fer et d'autres biens ont droit à une journée d'audience, tout comme la personne la plus humble a droit à sa journée d'audience lorsque ses droits de propriété constitutionnels et acquis sont violés par le gouvernement. Si la propriété privée d'un individu doit être utilisée pour un usage public, il serait évidemment injuste et injuste de permettre au législateur de dire de manière définitive ce qui devrait lui être payé, et de lui refuser toute possibilité adéquate de saisir les tribunaux . pour revoir le décret législatif. Le même principe s'applique aux entreprises de service public. Ils ont le droit de faire appel aux tribunaux pour qu'ils se prononcent sur la validité de toute législation qui tente de les obliger à fournir des services à un tarif fixé par le législateur s'ils prétendent que ce tarif est déraisonnablement bas et confiscatoire ; et, en attendant l'information judiciaire, ils ne doivent pas courir le risque de sanctions accumulées et ruineuses. La loi de l'année dernière sur les commissions de la fonction publique de New York reconnaît ce principe. Mais, au lieu d'accorder un procès équitable ou de prévoir une procédure judiciaire permettant de vérifier rapidement le caractère raisonnable des taux légaux, l'effort constant semble être de rendre le recours aux tribunaux si dangereux que les propriétaires abandonnent leur droit à un procès équitable. jour devant le tribunal plutôt que de prendre le risque de laisser les pénalités s'accumuler et s'accumuler, ce qui pourrait entraîner la confiscation de leurs biens. Ainsi, dans la récente loi sur le gaz de New York, déclarée inconstitutionnelle par la cour de circuit des États-Unis, aucune enquête judiciaire n'a été prévue et les sanctions imposées étaient de 1 000 dollars pour chaque surcharge ou violation de la loi. Comme la Consolidated Gas Company comptait à elle seule plus de 390 000 clients, un surfacturation sur les factures d'un mois seulement, en attendant une tentative de tester la loi de bonne foi, entraînerait le fabuleux total de 390 000 000 $ de pénalités, soit près de cinq fois la valeur de l'ensemble. propriété de l'entreprise. En fait, si la loi de New York, au moins à cet égard, n'est pas annulée par la Cour suprême dans le cadre de l'appel en instance [46] , la

Consolidated Gas Company pourrait être complètement ruinée pour avoir fait valoir son droit légal à une enquête judiciaire équitable avant être obligé d'accepter ce qu'il a insisté et ce que le tribunal a jusqu'à présent considéré comme un taux confiscatoire et déraisonnable ; c'est-à-dire pour avoir osé exiger un procès équitable avant d'être condamné. La loi du Kansas réglementant les parcs à bestiaux, qui a été déclarée inconstitutionnelle par la Cour suprême [47], imposait des sanctions qui auraient pu totaliser 15 000 000 $ en une journée, soit près de deux fois la valeur de tous les biens de la société des parcs à bestiaux. La récente loi sur les chemins de fer en Caroline du Nord impose des amendes qui s'élèveraient à 2 500 000 dollars par jour et entraînerait en quelques jours la faillite des compagnies ferroviaires. La loi sur les chemins de fer du Minnesota impose des sanctions qui, en un mois, peuvent totaliser plusieurs centaines de millions de dollars.

Parlant de ces sanctions, le juge de circuit américain Lochren a dit à juste titre : « Il ne fait aucun doute qu'une telle législation est vicieuse, presque une honte pour la civilisation de notre époque et un reproche pour l'intelligence et le sens de la justice de toute législature qui pourrait édicter des dispositions de ce genre."

Si une telle politique de coercition et d'intimidation peut éventuellement être appliquée par l'État ou les gouvernements nationaux, sous quelque forme ou sous quelque subterfuge que ce soit, nous ne vivrons plus sous un gouvernement constitutionnel avec des garanties efficaces des droits et libertés individuels. Si le Congrès ou un La législature d'un État peut contraindre n'importe quelle catégorie de personnes à se soumettre à une loi inconstitutionnelle en imposant des amendes et des pénalités ruineuses, ou d'autres dispositions destinées à agir *de manière terroriste* , ou en menaçant de priver cette catégorie de la protection du gouvernement, alors les limitations constitutionnelles imposées par le peuple peut être facilement contourné et annulé, et nos prétendus droits et libertés n'existeront que dans la grâce ou la retenue des législatures. Une classe est sélectionnée aujourd'hui, mais une autre classe le sera demain, en fonction uniquement de l'intérêt, des préjugés, de la tentation ou du caprice de la majorité temporaire. Un tel exercice d'un pouvoir arbitraire et irresponsable est en total conflit avec toute la théorie de nos institutions et dans un mépris total et un mépris total de ces principes fondamentaux et immuables de justice en vertu desquels seuls des gouvernements libres peuvent exister. Comme l'a dit le juge en chef Marshall dans la grande affaire Marbury *contre* Madison — et le tribunal était alors confronté à un exécutif hostile, un Congrès hostile et une opinion publique hostile — « L'essence même de la liberté civile consiste certainement dans le droit de chaque individu à réclamer la protection des lois chaque fois qu'il subit un préjudice. L'un des premiers devoirs du gouvernement est d'accorder cette protection... Le gouvernement des États-Unis a été catégoriquement qualifié de gouvernement de lois et non d'hommes. Il sera certainement cessent de mériter cette haute appellation si les lois ne prévoient aucun remède à la violation d'un droit légal acquis. [48]

Certains des projets de loi actuellement pendants devant le Congrès proposent de priver les tribunaux fédéraux du pouvoir d'émettre des injonctions préliminaires dans ces affaires. Ce serait une politique lourde de dangers incommensurables pour les intérêts de propriété ainsi que pour la liberté personnelle. Cela équivaudrait souvent à un déni total de justice. Le retard du procès pourrait facilement entraîner la ruine. Mais il ne fait aucun doute qu'une certaine réforme s'impose. Il ne fait aucun doute que les injonctions préliminaires contre l'application des lois de l'État régissant les sociétés de service public ne devraient jamais être accordées sans préavis aux représentants du peuple et sans pleine possibilité pour eux d'être entendus, et seulement après la démonstration la plus claire de menaces. préjudice irréparable en attendant le report d'une audience complète sur le fond. De telles affaires devraient non seulement être entendues le plus tôt possible, mais les tribunaux devraient insister pour que les deux parties procèdent avec la plus grande célérité dans l'audition des témoignages. Une audience en audience publique et non devant un maître faciliterait grandement ce résultat. Le peuple a droit à une décision rapide sur les questions en jeu afin de pouvoir bénéficier rapidement de la loi si elle est constitutionnelle, ou de pouvoir la modifier immédiatement si elle est inconstitutionnelle. Il n'y a aucune raison pour que, dans la majorité des cas, une telle action ne soit pas prête pour l'audience finale et ne soit effectivement entendue dans un délai de soixante jours, ou pour qu'elle ne soit pas définitivement tranchée par les cours d'appel dans un délai de moins d'un an. Il devrait avoir la préférence sur tous les calendriers. L'Expedition Act du Congrès, applicable aux affaires découlant des lois antitrust et du commerce interétatique, fournirait un bon modèle pour les affaires impliquant la validité des lois des États.

Les conditions auxquelles sont aujourd'hui confrontées les populations de nombreux États, où les lois régissant les sociétés de service public sont souvent entravées pendant des années par des litiges, tendent à créer du mécontentement, de l'impatience et de l'insatisfaction à l'égard des tribunaux et à engendrer un désir de changement révolutionnaire face à une situation intolérable. Les lois réglementant les services publics sont souvent essentielles pour se protéger contre ceux qui, autrement, auraient le pouvoir de s'approprier les nécessités de la population, et il est honteux que l'application de ces lois puisse être retardée par des litiges pendant des années après leur promulgation. Tout comme les retards dans notre procédure pénale appellent une réparation, les retards dans ce type de litiges appellent une réparation immédiate et efficace. Il est de la plus haute importance que les citoyens soient convaincus qu'ils peuvent obtenir devant les tribunaux, et en particulier devant les tribunaux fédéraux, une décision rapide sur tout litige affectant la validité de la législation régissant les sociétés de service public qu'eux-mêmes ou leurs représentants ont jugé nécessaire pour leur protection contre l'extorsion ou l'oppression. Mais dans la plupart des cas, on constate que les représentants de l'État sont autant responsables des retards que leurs adversaires.

Mais, par-dessus toutes autres considérations, il est nécessaire de maintenir la confiance absolue du peuple dans son ensemble dans la sagesse et l'impartialité des juges fédéraux, qui sont si souvent appelés à déterminer la validité des lois des États prétendument en conflit avec la Constitution de l'État. les États-Unis et, ce faisant, administrer la justice entre l'État et l'individu – entre la majorité et la minorité. Nous devrions nous préoccuper profondément, en tant qu'avocats, de faire comprendre à tous les profanes que l'exercice de cette compétence par les tribunaux fédéraux est nécessaire à la préservation et à la perpétuation de la Constitution et qu'il est juste et juste que chaque citoyen ait le privilège de faire appel aux tribunaux nationaux pour la protection des droits et libertés qui lui sont garantis par la Constitution nationale. Il est tout aussi important que le peuple comprenne qu'en engageant des poursuites visant à restreindre l'application des lois des États prétendument inconstitutionnelles, les juges fédéraux n'accomplissent leur devoir que conformément à leur serment d'office, qui, dans le noble langage prescrit en 1789, les engage "d'administrer la justice sans respect pour les personnes", de "faire un droit égal aux pauvres et aux riches" et de "s'acquitter et d'accomplir fidèlement et impartialement" leur devoir "conformément à la Constitution et aux lois des États-Unis". Un examen des cas dans lesquels des injonctions ont été accordées contre l'application des lois de l'État doit convaincre tout esprit sincère que dans la grande majorité des cas, le pouvoir a été exercé de manière impartiale, avec tact et sage discrétion, et que de telles injonctions n'ont été accordées que lorsque les droits de propriété semblaient menacés d'un préjudice irréparable. Ce serait trop espérer l'infaillibilité dans tous ces cas. Mais les erreurs sont corrigées en appel.

Les attaques contre notre système judiciaire et les critiques injustifiées et injustifiées à l'encontre de nos juges sapent la confiance du peuple dans les tribunaux et menacent l'ensemble de la structure de notre civilisation. Les juges américains sont, à juste titre, sensibles à l'opinion publique et affligés par les critiques injustes et ignorantes. Ils savent à quel point il est important de conserver la confiance du public. Ils se rendent compte, comme leurs opinions le démontrent constamment, qu'« après bien faire, le principal objectif de l'administration de la justice publique devrait être de donner satisfaction au public ». Mais ils ne peuvent pas sacrifier la vérité à la popularité, ni la Constitution à l'opportunité du moment. Ceux qui attaquent les juges fédéraux devraient garder à l'esprit que les fondateurs, dans leur sagesse, ont constitué le pouvoir judiciaire, notre rempart contre les actions imprudentes, précipitées et tyranniques de ceux qui sont au pouvoir et notre bouclier contre « ces passions soudaines et fortes auxquelles nous sommes soumis ». exposées" et qui, si elles ne sont pas contrôlées et incontrôlées, peuvent conduire à la ruine. Aussi impopulaire et désagréable que puisse être la tâche d'annuler une loi du Congrès ou d'une législature d'État, aussi pénible qu'il soit pour tout homme juste de devenir l'objet d'une calomnie, un juge fédéral n'a aucun choix, aucun pouvoir discrétionnaire, aucune volonté de le sien, mais doit entendre et décider selon sa conscience chaque cas qui lui est soumis relevant de la compétence de son tribunal telle que conférée et imposée par la Constitution et les lois des États-Unis. Gardons toujours à l'esprit les nobles paroles prononcées par le grand juge en chef dans l'affaire Aaron Burr, dans la décision qui a suscité tant de préjugés et de clameurs dans l'opinion publique il y a cent ans, lorsque, parlant du devoir d'un juge, il a déclaré : " S'il n'a pas d'autre choix dans cette affaire ; s'il n'y a d'autre alternative qui s'offre à lui que le manquement au devoir, ou l'opprobre de ceux qu'on appelle le monde, il mérite le mépris ainsi que l'indignation de son pays qui peut hésiter. qu'il faut adopter." [49]

NOTES DE BAS DE PAGE :

[23] Discours devant l'Association du Barreau de l'État de New York lors de sa trente et unième réunion annuelle tenue à New York, le 25 janvier 1908.

[24] 2 Rapports de Dallas, p. 419.

[25] 6 Rapports Wheaton, pp. 406-407.

[26] 134 Rapports des États-Unis, pages 1 et 22.

[27] 108 Rapports des États-Unis, p. 447.

[28] 200 rapports des États-Unis, pages 283 et 284.

[29] 1 Rapports de Cranch , p. 163.

[30] 11 Rapports Wallace, p. 183.

[31] 16 Rapports Wallace, p. 156.

[32] 106 Rapports des États-Unis, p. 205.

[33] 101 Rapports des États-Unis, p. 343.

[34] La Loi constitutionnelle, 8e éd., p. 189.

[35] Rapporté par Hargrave, 19 Howell's State Trials, pp. 1030, 1073.

[36] 6 Rapports Best et Smith du Queen's Bench (1865), p. 297.

[37] Rapporté dans 14 Howell's State Trials, pp. 1-114.

[38] 188 Rapports des États-Unis, p. 543.

[39] 114 Rapports des États-Unis, p. 270.

[40] 9 Rapports Wheaton, p. 738.

[41] 16 Rapports Wallace, p. 220.

[42] Dans l'affaire Ayers, 123 rapports des États-Unis, p. 487.

[43] 123 Rapports des États-Unis, p. 443.

[44] 172 Rapports des États-Unis, p. 516.

[45] Ex parte Young (Procureur général du Minnesota), rapporté dans 209 United States Reports, p. 123, et l'affaire Hunter (shérif du comté de Buncombe, Caroline du Nord) *contre* Wood, 209 United States Reports, p. 205.

[46] Willcox *c.* Consolidated Gas Co., 212 United States Reports, p. 19.

[47] Cotting *contre* Kansas City Stock Yards Co., 183 United States Reports, p. 79.

[48] 1 Rapports de Cranch , p. 163.

[49] 4 Rapports Cranch , annexe, pp. 507-508.

CRITIQUE DES TRIBUNAUX [50]

Les ATTAQUES contre nos tribunaux, qui sont constamment publiées dans la presse de tout le pays, révèlent un sentiment d'hostilité à l'égard du système actuel d'administration de la justice, qui est probablement le signe le plus sinistre de notre époque. Que ceux qui sont enclins à l'illégalité, qui sont heureusement encore minoritaires, soient hostiles à ceux qui sont chargés du devoir de faire respecter et de contraindre l'obéissance aux lois de l'État ou de la nation n'est pas du tout surprenant et est peut-être presque inévitable dans les communautés très peuplées. . Mais il est en effet surprenant, et c'est une cause légitime d'inquiétude et de crainte profondes, que des milliers de citoyens honnêtes, travailleurs, moraux et respectueux des lois croient que les lois ne sont pas appliquées de manière impartiale ou juste, et que cette croyance erronée devrait être inculquée. , non seulement par la presse, des démagogues et des politiciens sans principes, mais aussi par des dirigeants réputés du mouvement syndical américain et de l'opinion publique américaine, et même par des éducateurs. Cette croyance est devenue si répandue et si ancrée dans l'esprit d'un grand nombre de nos citoyens de toutes classes, instruits et non instruits, que seules l' examen et la discussion les plus exhaustifs du sujet seraient désormais suffisants. De nombreuses lettres reçues par la sous-commission de l'Association du Barreau de l'État de New York, dont certaines sont jointes à son rapport, montrent l'intensité de l'hostilité envers les tribunaux et à quel point elle repose sur l'ignorance, les préjugés et la malveillance. Il n'est pas nécessaire de contester la sincérité des auteurs de la plupart de ces lettres, mais, ceci étant admis, de nombreuses déclarations témoignent d'un manque total d'enquête sur les faits et d'une totale indifférence à l'égard de la vérité, et certaines sont manifestement puériles, ou inexcusablement inexact et imprudent. D'un autre côté, l'esprit manifesté dans les lettres de certains dirigeants syndicaux doit inspirer l'espoir de leur loyale assistance dans une enquête impartiale et approfondie. Une grande quantité de bien pourrait être accomplie en coopérant avec eux. Une lettre telle que celle récemment reçue de M. Hugh Frayne, organisateur général de la Fédération américaine du travail, indique qu'un échange de vues pourrait conduire à des résultats souhaitables. Aussi fastidieuse et laborieuse que puisse être la tâche, ce serait un grand service rendu au pays dans son ensemble si un comité mixte nommé par l'Association du Barreau de l'État de New York et les autres associations du barreau de l'État entreprenait d'enquêter sur tous les cas affectant le travail ou les affaires sociales. législation et publier un rapport montrant les faits réels et les principes de droit impliqués dans chaque cas. Il est dommage que nombre de ceux qui critiquent nos tribunaux ignorent lamentablement les sujets sur lesquels ils écrivent ou déclament et, inconsciemment et involontairement dans certains cas, déforment et déforment les faits.

Il sera possible à l'heure actuelle de revoir seulement quelques-uns des points suggérés par les investigations de votre sous-commission.

Le sujet de l'indemnisation équitable des salariés pour les dommages subis au cours de leur travail est l'un des plus importants et des plus vastes de ceux abordés par nos correspondants, et ses difficultés et complexités croissantes appellent des études bien plus approfondies que nous n'avons pu le faire. donne-le. La révolution opérée par la machine, les dangers inévitables liés à son utilisation, l'entassement d'hommes, de femmes et d'enfants dans les usines et les ateliers nécessitent des modifications dans les règles de droit régissant les devoirs et responsabilités des employeurs. Les règles de la common law, qui sont aujourd'hui condamnées par tant de personnes et cherchent à être mises de côté, ont été à l'origine dictées par les considérations les plus solides de politique publique, d'affaires pratiques et de gouvernement, et de justice entre les hommes. Les devoirs du maître envers le serviteur, tels que réglementés par ces règles, étaient humains et proportionnés aux besoins des temps qui les ont développés, et les règles elles-mêmes sont encore appropriées et justes dans la grande majorité des cas. En vertu de ces dispositions, le maître est tenu d'exercer le même degré de soin à l'égard de son domestique qu'il le devrait pour sa propre sécurité, et il est tenu de fournir un endroit raisonnablement sûr dans lequel son domestique doit travailler, de fournir des outils et des machines raisonnablement sûrs , sélectionner des compagnons de service raisonnablement compétents et prudents et, lorsque la nature de l'entreprise nécessite un surveillant ou un surintendant, en nommer un qui est raisonnablement compétent et prudent. L'application de ces règles régissant la conduite et les devoirs du maître, en conjonction avec les règles régissant la conduite et les devoirs du domestique, telles que la prise en charge des risques ordinaires de l'emploi, la doctrine du compagnon de service et la règle comme à la négligence contributive – crée inévitablement des questions extrêmement difficiles et complexes. Ces règles sont encore appropriées et justes dans leur application aux cas qui impliquent les relations domestiques entre le fermier et ses ouvriers agricoles, le petit entrepreneur et ses ouvriers, le maître de maison et ses domestiques, le boucher, le peintre, le charpentier ou le forgeron et ses ouvriers. Dans tous ces cas, il nous semble aussi vrai en principe aujourd'hui qu'il y a un demi-siècle que le maître n'est pas tenu de prendre plus de soin de son serviteur que ce qu'on peut raisonnablement attendre de lui-même. et qu'un serviteur a de meilleures occasions que son maître de surveiller et de se prémunir contre la conduite et de prévenir la négligence de son compagnon de service. Il est plus vrai aujourd'hui que jamais que, aussi longtemps que la responsabilité est fondée sur la théorie ou le principe de la négligence, un employé devrait, d'une manière générale, être tenu d'assumer les risques ordinaires et évidents de l'emploi dans lequel il entre et pour lequel il stipule vraisemblablement une compensation adéquate et satisfaisante. De même, dans la majorité des cas, il est aussi vrai aujourd'hui que jamais que le domestique coupable de négligence contributive ne devrait pas être autorisé à imputer à son maître la responsabilité du préjudice. Le raisonnement des juges établissant et maintenant ces doctrines en common law n'a jamais été réfuté. Néanmoins, ce ne sont que de simples règles de droit, susceptibles d'être modifiées, non pas par le pouvoir judiciaire, mais par le pouvoir législatif ; et, de l'avis de l'auteur, il n'existe aucune disposition dans la constitution de l'État ou nationale qui empêcherait leur abrogation si cela était jugé nécessaire ou souhaitable par un corps législatif.

Mais l'industrialisme moderne, le développement des machines, l'emploi d'un grand nombre d'hommes et de femmes dans des usines surpeuplées, le travail associé à des instruments dangereux de fabrication et de transport, etc., ont changé les conditions, de sorte que ce qui est encore vrai de l'agriculture , le ménage, le petit artisan, le charpentier, le peintre, le boucher, l'épicier, etc., n'est pas vrai des ruches occupées de l'industrie, des transports à vapeur ou de l'électricité, ou d'autres industries dangereuses. L'augmentation des accidents, la certitude apparente que de nombreuses victimes sont inévitables, l'insouciance engendrée par la lutte moderne pour l'existence, la difficulté croissante dans de nombreux emplois de mesurer les degrés de faute, les nécessités pressantes et l'imprévoyance des pauvres : ces considérations et d'autres encore justifier l'interposition du corps législatif en tant que pouvoir législatif de l'État, afin d'apporter des changements à la loi - changements que les tribunaux ne devraient pas tenter d'apporter, car leur devoir ou leur fonction n'est pas de légiférer mais de déclarer ce que la loi a été. ou c'est maintenant le cas. Alors, au lieu d'abuser des tribunaux, combien plus sage et plus convenable serait-il pour les organisations syndicales, les dirigeants syndicaux ou les réformateurs sociaux de demander au pouvoir législatif de modifier la loi et d'abandonner toute tentative d'intimidation et de contrainte du pouvoir judiciaire pour qu'il prenne des mesures. le changement souhaité. Un de nos correspondants parle de « la doctrine venimeuse du compagnon de service ». Pourtant, la responsabilité du maintien de cette doctrine, si elle est devenue indésirable dans un emploi ou dans tous les emplois, incombe entièrement au législateur et non aux tribunaux. Nous serions surpris si un avocat ou un étudiant professant la moindre connaissance du droit constitutionnel américain affirme sérieusement que le législateur ne peut pas changer cette doctrine sans modifier ou bricoler nos constitutions.

Il convient cependant d'ajouter que de nombreux juristes et profanes sont convaincus qu'abolir les règles existantes sans discernement dans tous les cas où la relation de maître à serviteur peut exister serait une erreur du point de vue de l'ordre public et de la justice pratique. et qu'une mesure aussi radicale ferait plus de mal que de bien. C'est certainement le jugement des observateurs compétents du fonctionnement de la loi britannique. Un changement de loi qui serait sage s'il se limitait aux grandes usines et aux emplois dangereux, au travail lié aux machines dangereuses, au service sur les chemins de fer, dans les grands ouvrages électriques, etc., etc., pourrait être extrêmement imprudent, injuste et oppressif. s'il s'applique, par exemple, au petit agriculteur, à l'artisan, au mécanicien ou au chef de famille. Une règle reconnue sage et juste dans un cas pourrait être extrême de folie et d'oppression dans l'autre. Un accident sur une ferme causé par la négligence ou l'ivresse d'un ouvrier agricole pourrait, selon certaines des réformes ou innovations proposées, mettre en faillite le fermier le plus prudent pour des causes tout à fait indépendantes de sa volonté ; et un désastre similaire pourrait facilement surprendre le petit artisan, le mécanicien ou le propriétaire de maison, et balayer les économies de plusieurs années. Il n'est bien sûr pas possible de dire que l'agriculteur, l'artisan, le chef de famille employant des hommes ou des femmes peuvent s'assurer. Pourquoi cette forme d'impôt devrait-elle être imposée sur de maigres revenus, qui sont souvent insuffisants pour joindre les deux bouts ? Pourquoi l'agriculteur ou l'artisan aux revenus limités devrait-il être obligé de payer tribut aux compagnies d'assurance privées si souvent engagées dans des coalitions pour extorquer les primes les plus élevées possibles ?

Que chaque maître soit responsable de sa propre négligence, mais qu'il ne faille pas faire de chaque maître, c'est-à-dire de chaque employeur d'un autre, l'assureur de la sécurité de son serviteur au point de rendre le maître responsable des dommages résultant d'aucune faute de sa part. le sien, mais de l'insouciance et de la négligence du serviteur lui-même ou d'un compagnon de service.

c. Pratt offre un exemple intéressant de l'application d'une loi en relation avec des règles de droit établies . [51] Le législateur avait prescrit certains dispositifs pour la protection des femmes et des enfants, notamment une disposition selon laquelle les rouages des machines devraient être correctement protégés. En adoptant cette disposition, comme les tribunaux étaient tenus de le supposer en vertu des règles d'interprétation établies, le législateur était pleinement conscient de la loi en vigueur dans l'État de New York en ce qui concerne la prise en charge des risques évidents et ordinaires liés à l'emploi par les hommes et les femmes. majeur et capable. La plaignante dans l'affaire Knisley était une femme majeure et capable, et elle était bien consciente du danger qu'elle courait en s'approchant trop près des machines en fonctionnement. Si la loi avait été rédigée avec compétence, elle aurait prévu

— à supposer, bien sûr, que le rédacteur et le législateur l'aient voulu ainsi — que la règle de la prise en charge du risque ne devrait pas s'appliquer aux cas relevant de sa compétence ; en d'autres termes, il aurait prévu que le maître devrait être responsable de tout préjudice causé à un serviteur résultant de la négligence du maître d'assurer la protection requise par la loi, que le serviteur ait ou non eu connaissance d'une telle négligence ou ait contribué de quelque manière que ce soit à sa propre négligence. blessure. Aucune disposition de la constitution étatique ou fédérale n'empêche le législateur de décréter que l'employeur doit être absolument responsable des conséquences de sa propre négligence délibérée à respecter une disposition légale destinée à protéger la vie humaine et en particulier la vie des femmes et des enfants. Dans l'affaire Knisley, le tribunal n'a pas la moindre indication que le législateur ne pouvait pas ainsi modifier la loi. Après que la décision dans cette affaire eut été annoncée, une modification de la loi aurait pu être facilement apportée en une semaine, car la législature était alors en session, en février 1896. Pourtant dix-sept années se sont écoulées sans une telle promulgation, et entre-temps la Cour d'Appel a été attaquée devant tout le pays pour son manque de sympathie envers les pauvres et les démunis et envers le progrès social comme en témoigne entre autres cette décision !

Il est vrai que la doctrine de l'affaire Knisley a été récemment rejetée par la Cour d'appel dans l'affaire Fitzwater *contre* Warren. [52] Mais de nombreux avocats estiment que les tribunaux auraient mieux fait de laisser ce changement au législateur, qui aurait pu le faire il y a dix-sept ans s'il l'avait souhaité, et de ne pas fournir de fondement supplémentaire aux critiques selon lesquelles nos tribunaux recourent à l'arbitrage judiciaire. législation. Malgré l'affaire Fitzwater, il serait toujours sage que le législateur, *s'il estime que l'État de droit doit être tel qu'il est annoncé maintenant* , promulgue une loi dûment rédigée déclarant que chaque fois qu'une disposition légale exige qu'un capitaine fournisse des gardes ou une autre protection pour ses serviteurs dans des emplois dangereux ou en relation avec l'utilisation de machines dangereuses, sa négligence à le faire le rendra responsable quelles que soient les doctrines de prise en charge du risque, de faute du compagnon de service ou de négligence contributive.

La manière dont les nominations ont été faites ces dernières années aux fonctions judiciaires et notamment à la Cour d'appel a également suscité de très sérieuses critiques de la part de nos correspondants.

Comme on le sait, le barreau de l'État de New York s'efforce depuis de nombreuses années, à la quasi-unanimité, de séparer les nominations aux fonctions judiciaires des autres nominations, et ainsi de séparer la magistrature de la politique. C'est le barreau qui a demandé et forcé la renomination des juges de la Cour d'appel sur une base non partisane. C'est le barreau qui a demandé et forcé la renomination et l'élection du juge Gray, du juge en chef Cullen et d'autres membres de notre plus haut tribunal. Il est tout simplement calomnieux d'affirmer que l'un quelconque des juges actuels de cette grande cour ait été nommé à la demande ou sous la dictée de ce que nos correspondants appellent « les intérêts ». Le contraire est la vérité ; et toute l'histoire et la conduite de la cour réfutent une accusation aussi méprisable que sans fondement.

Le barreau de l'État a été pratiquement unanime pour demander l'adoption l'année dernière de la mesure connue sous le nom de projet de loi sur les candidats à la magistrature, qui proposait que les noms des candidats à la magistrature ne soient plus imprimés dans la colonne du parti sur le bulletin de vote général et officiel, mais sur un scrutin séparé, ou dans une colonne distincte des machines à voter, sans désignation de parti dans les deux cas, afin que les candidats à des fonctions judiciaires puissent être votés en tant qu'individus et non en tant que membres ou candidats d'un parti politique . Il y avait alors une excellente occasion pour les soi-disant réformateurs sociaux et les dirigeants syndicaux qui attaquent avec tant de véhémence notre système judiciaire de contribuer à un mouvement visant à éliminer de la politique l'élection des juges. Mais on n'en a pas profité. Le projet de loi a été rejeté. Il a reçu peu de soutien de la presse et très peu, voire aucun, de la part des réformateurs sociaux ou des représentants des syndicats. Il sera sans aucun doute présenté à nouveau cette année ; il a été une fois de plus approuvé par l'Association du Barreau de la Ville de New York, et il le sera probablement de nouveau par l'association de l'État et par le barreau de l'État dans son ensemble. Que les organisations syndicales aident et coopèrent désormais pour obtenir la promulgation de cette loi et contribuent à garantir l'élection des juges sur la base de leurs propres mérites et de leur personnalité, indépendamment des considérations de service politique ou de la faveur ou du soutien des dirigeants ou patrons politiques, ou de n'importe quelle classe particulière.

y a quelques années , dans la ville de New York, le barreau a fait un effort sérieux pour garantir l'élection des juges de la Cour suprême sur une base non partisane et apolitique. Un comité composé de membres du barreau a nommé des avocats les plus réputés dans leur profession, dotés d'une capacité et d'un savoir reconnus et d'une moralité irréprochable. Ces candidats ont été défaits, et les organisations syndicales ont grandement contribué à cette défaite. Ces organisations n'apportèrent alors aucun soutien au mouvement visant à séparer les tribunaux de la politique, et elles furent tout à fait indifférentes à la nomination d'hommes de la plus haute considération et des plus hautes qualifications aux fonctions judiciaires.

La pure vérité sur ce point peut servir et être utile comme leçon de choses. Les juges de la Cour suprême du comté de New York et d'ailleurs dans tout l'État les moins compétents et les moins expérimentés sont généralement ceux qui ont été nommés parce qu'ils étaient soutenus par les organisations syndicales ou étaient censés être acceptables à leurs yeux. Partout dans le pays, on dit que chaque fois que les organisations syndicales dictent ou contrôlent la nomination des juges, elles sélectionnent des avocats d'une éducation et de talents inférieurs et non d'un caractère supérieur et d'une indépendance supérieure. Il est grand temps que les travailleurs réfléchissent sérieusement à cette vérité.

L'une des véritables causes du mécontentement à l'égard de l'administration de la justice dans nos tribunaux d'État, et en particulier dans les grandes villes, est que les juges sont nommés et élus non pas en raison de leur capacité juridique et de leur personnalité, mais en raison de leur affiliation à un parti ou de leur personnalité. amitié ou sympathie supposée ou inclination à favoriser une classe par rapport à une autre. Si le personnel de notre Cour d'appel et de nos divisions d'appel a jusqu'à présent été maintenu uniformément élevé et pur, c'est grâce aux efforts constants du barreau. Si les organisations syndicales et le peuple en général coopèrent désormais avec les barreaux, qui en cette matière sont les véritables leaders de l'opinion publique, il y aura infiniment moins de occasions de se plaindre de retard, d'incompétence ou de partialité dans l'administration de la justice. La multiplication des juges incompétents signifie la multiplication des causes de retards, de nouveaux procès, de déni ou d'erreur judiciaire, de dépenses, de mécontentement et de suspicion. Le remède à ces maux appartient au peuple lui-même, et il ne sera apporté que lorsqu'il insistera sur la nomination et l'élection d'avocats érudits, de caractère et indépendants.

Il doit être clair pour tous ceux qui ont étudié les faits et réfléchi aux tendances existantes qu'au cours des vingt dernières années, les amendements aux lois régissant la nomination et l'élection aux fonctions publiques ont servi à renforcer et à perpétuer le contrôle des dirigeants et des machines politiques. De nombreux projets de loi présentés et vivement acclamés comme des réformes se sont en réalité révélés ne pas être des réformes du tout, mais plutôt des pas dans l'obscurité et en arrière.

Certains de nos correspondants reprochent aux tribunaux le « retard de la loi », mais il n'y a pas de défaut dans notre système dont les juges compétents soient moins responsables. Dans la plupart des cas de retard dans les affaires civiles, la faute revient aux avocats. Rien n'a fait plus pour déconsidérer l'administration de la justice que la pratique consistant à ajourner les affaires trimestre après trimestre et année après année pour des excuses parfois mal fondées. Il n'est pas nécessaire qu'il y ait des retards déraisonnables, même dans la ville de New York, et il n'y en aurait pas si les avocats étaient prêts à juger leurs affaires dès qu'elles apparaissent pour la première fois dans les calendriers. Les juges se plaignent constamment de la lenteur du barreau. Une autre cause de retard est la pratique consistant à intenter des poursuites et à faire appel dans le but de forcer des règlements. Il faudrait cultiver un sens plus élevé de responsabilité professionnelle et prévoir des sanctions sévères, voire un ostracisme professionnel, pour les avocats qui abusent du processus judiciaire et ne respectent pas l'éthique de leur profession.

De la même manière, dans les affaires pénales, la véritable cause du retard dans presque toutes les affaires est l'incapacité ou l'incapacité des procureurs à faire valoir leur cause avec diligence ; et les changements fréquents dans le personnel de nos fonctionnaires sont également une cause de beaucoup de retards. Chaque fois qu'un fonctionnaire succède à un autre, le temps pendant lequel le nouveau titulaire apprend ce qui s'est passé avant son entrée en fonction et se familiarise avec les affaires en cours est autant de temps perdu. Une plus grande permanence du mandat des procureurs conduirait probablement à une application plus rapide et plus efficace de la loi. Il ne fait pas non plus de doute que de nombreux fonctionnaires et leurs assistants ne ressentent pas le même degré de responsabilité dans l'exécution rapide des affaires publiques qu'ils ressentiraient s'ils représentaient des clients privés. Les remarques du juge Scott dans la récente affaire People *vs.* Turley arrivent en effet à point nommé et devraient être portées à l'attention de tous les procureurs de l'État. Il a utilisé les termes suivants : « On se plaint à juste titre à l'heure actuelle de la lenteur avec laquelle la loi pénale est appliquée, et surtout du long délai qu'on laisse souvent s'écouler entre une condamnation et la révision de la décision . la condamnation par les cours d'appel. Parmi les personnes qui ne sont pas familiarisées avec les règles de procédure pénale, les tribunaux ne sont pas anormalement, mais très injustement, accusés d'une grande part de responsabilité dans cette condition. La faute en revient ailleurs. Les cours d'appel sont impuissantes à agir jusqu'à ce que l'appel soit interjeté devant eux par ceux qui sont chargés de cette fonction. Lorsque l'affaire est portée en audience, le délai est terminé et l'appel est invariablement rapidement tranché. Le cas présent est particulièrement flagrant. Le défendeur a été reconnu coupable en mars 1909, et a été presque immédiatement libéré sous caution en attendant un appel, en vertu d'un certificat de doute raisonnable. Le dossier n'est pas volumineux et les questions de droit impliquées ne sont ni difficiles ni complexes, et pourtant l'accusé est en liberté depuis trois ans et demi avant que l'appel ne soit introduit en débat. Bien entendu, dans de telles circonstances, le défendeur était tout à fait satisfait et n'était pas pressé de faire débattre son appel. L'obligation de le faire promptement incombait, comme dans tous les cas, au procureur de la République, qui avait à tout moment le pouvoir de forcer l'audition de l'appel en demandant son rejet. Ce tribunal ne s'est jamais montré réticent à soutenir et à coopérer avec le procureur de district pour obliger les appels dans les affaires pénales à être débattus avec toute la célérité raisonnable. Le remède aux retards déraisonnables dans la décision finale des appels criminels est entre ses mains. » [53]

On se souviendra facilement d'un certain nombre d'affaires de meurtre importantes où des années se sont écoulées entre la condamnation de l'accusé et le débat devant la Cour d'appel. Non seulement ce retard inutile prive le jugement de condamnation d'une grande partie de son effet d'exemple et de précédent dissuasif, mais en cas de renversement et de nouveaux procès, les preuves sont parfois perdues et les coupables s'échappent ainsi. Dans la dernière affaire de meurtre signalée dans le comté de New York, People *contre* Lustig, [54] l'accusé a été reconnu coupable de meurtre au premier degré en juin 1910, mais l'appel n'a été entendu par la Cour d'appel qu'en juin. 14, 1912, date à laquelle la décision fut annulée dans les deux semaines suivant la dispute, c'est-à-dire le 29 juin 1912. Entre-temps, comme nous l'avons appris, des témoins importants avaient disparu et l'accusé est maintenant en liberté, seul. engagement, et ne sera probablement pas rejugé !

Un autre cas de retard apparemment inexcusable est celui de People *contre* Koerner. [55] Le crime de meurtre a été commis en septembre 1896. Le défendeur a été inculpé dans le mois qui a suivi et a été reconnu coupable de meurtre au premier degré le 1er mars 1897. L'appel a été débattu devant la Cour d'appel devant quatre tribunaux. mois, le 22 octobre 1897, et le jugement fut infirmé le 23 novembre 1897. L'affaire fut ensuite rejugée et aboutit à un jugement de culpabilité de meurtre au deuxième degré le 15 mars 1898. Les dossiers du Les tribunaux montrent que l'appel de ce jugement n'a été porté devant la Division d'appel que le 12 décembre 1906, et a ensuite abouti à une confirmation de cette cour le 11 janvier 1907, et que l'appel n'a pas été débattu devant la Cour de Appels jusqu'au 19 février 1908, date à laquelle le jugement fut confirmé sans avis en moins de trois semaines !

Pourtant, pour les retards dans ces affaires et d'autres similaires, les tribunaux sont critiqués et leur administration de la justice pénale intempériement attaquée par la presse et d'autres critiques, malgré la diligence des juges à statuer sur les appels dûment présentés à leur examen.

Il est peut-être vrai que la pression d'innombrables affaires oblige le procureur du comté de New York à retarder les débats en appel ; mais le remède est de lui fournir des assistants compétents supplémentaires et certainement pas de se livrer à des critiques aveugles ou à des abus infondés des tribunaux, ni de recourir à des panacées de réforme de la procédure pénale, qui trop souvent ne font que multiplier les détails techniques, privent l'individu de la protection nécessaire. , et créent plus ou moins de confusion.

Je vais maintenant attirer l'attention sur le sujet des injonctions liées aux grèves. Je ne contesterai pas la proposition selon laquelle les grévistes dans les controverses industrielles, ou les travailleurs et les organisations syndicales ne devraient pas être au-dessus de la loi, ou d'une loi en soi. Je suppose que dans cet état, cela reste une proposition évidente et peut encore être considérée comme allant de soi. L'histoire nous enseigne certainement que dans un pays libre, aucune classe ne peut être libérée en toute sécurité de son devoir d'obéir aux lois, et que si la désobéissance est autorisée en faveur des classes laborieuses, l'ouvrier travailleur, honnête et respectueux des lois sera le plus souffrant. à long terme. On ne prendra pas non plus le temps de souligner qu'aucune communauté civilisée ne peut longtemps permettre à une classe quelconque de mutiler, d'assassiner, de détruire des biens, ou d'empêcher violemment autrui de gagner sa vie, afin de la contraindre à se conformer aux exigences de cette classe.

Bien entendu, il ne serait jamais nécessaire de recourir à des injonctions dans des conflits du travail s'il n'y avait aucune menace de violence ni aucun risque de blessures aux personnes ou aux biens. Si les organisations syndicales de ce pays coopèrent maintenant sérieusement, efficacement et sincèrement avec les barreaux pour tenter de mettre un terme à la violence et aux émeutes, qui sont les suites malheureuses mais apparemment inévitables de toute grève moderne prolongée, il n'y aura plus de occasion de condamner les tribunaux en raison de l'émission d'injonctions, car il ne sera alors plus nécessaire de recourir à des injonctions.

Un aspect du problème des injonctions est souligné dans la correspondance présentée ici et devrait être traité ici. Il s'agit de donner un préavis aux défendeurs avant qu'une ordonnance d'injonction ne soit accordée. Récemment, lorsque la Cour suprême des États-Unis a adopté ses nouvelles règles, notamment celle relative aux injonctions, M. Gompers et d'autres dirigeants syndicaux ont proclamé haut et fort qu'ils avaient remporté une grande victoire. Ainsi, M. Gompers est rapporté dans le "Literary Digest" du 16 novembre 1912, qualifiant la nouvelle règle de réforme et "de pas dans la bonne direction, et d'une des choses pour lesquelles les travailleurs se battent depuis longtemps " . Mais, comme le savent tous ceux qui connaissent le sujet, rien dans les nouvelles règles ne modifie sensiblement la pratique préexistante en matière d'injonctions. Les traités faisant autorité sur la procédure fédérale d'équité rédigés par M. Foster et M. Street le démontrent de manière concluante. Aucun cas ne nous a été cité et nous n'en avons trouvé aucun dans lequel les défendeurs visés par l'interdiction n'ont pas bénéficié de la facilité accordée par les tribunaux pour demander la dissolution ou la modification des ordonnances d'injonction comme le prévoit la nouvelle règle. Le savant et impartial rédacteur en chef du "New York Law Journal" disait à juste titre dans le numéro du 11 décembre 1912 : "La seule partie de la nouvelle procédure qui a attiré l'attention de la presse quotidienne est la règle concernant les injonctions préliminaires. cependant, ce n'est rien de plus qu'une adoption de bonnes pratiques à New York, et, en fait, de bonnes pratiques en matière d'équité partout, à savoir : qu'aucune injonction *ex parte* ne doit être émise, sauf à titre d'ordonnance de suspension pour montrer pourquoi une injonction préliminaire ne devrait pas être émise. problème."

L'affaire la plus souvent citée par les dirigeants syndicaux est connue sous le nom d'affaire Debs, issue de la grève Pullman à Chicago en 1894. Si un critique impartial des tribunaux prend la peine de lire l'opinion unanime, patriotique et inspirante de la Cour suprême, Cour des États-Unis dans l'affaire Debs [56] , ou ce que l'ex-président Cleveland a écrit à ce sujet dans son livre sur les « Problèmes présidentiels », publié en 1904, il se rendra immédiatement compte que l'émission de l'ordonnance d'injonction et la la punition ultérieure de Debs et de ses associés pour avoir désobéi délibérément et avec défi était à la fois appropriée et nécessaire.

Depuis près de vingt ans et depuis l'affaire Debs en 1894-1895, les dirigeants syndicaux, agitateurs et démagogues du pays s'en prennent aux tribunaux et dénoncent le « gouvernement par injonction » sous prétexte, entre autres, que les juges ont démenti les prévenus dans dans cette affaire, ils n'ont eu aucune possibilité d'être entendus, alors qu'en fait, ils ont eu le plus grand préavis et l'occasion d'être entendus, mais ont délibérément choisi de désobéir et de défier le tribunal. En effet, dans aucune juridiction il n'est vrai qu'un accusé se voit refuser le droit à une audience sur la question d'une injonction contre lui, et le sous-comité n'a pas été en mesure d'avoir connaissance d'un seul cas dans lequel un juge a refusé de donner l'ordre. défendeur une audience soit sur une demande d'octroi ou de maintien d'une injonction, soit d'en annuler une. Une ordonnance d'injonction permanente n'est jamais accordée sans préavis aux personnes concernées et sans possibilité d'être entendues ; de même, une ordonnance d'interdiction temporaire n'est pas délivrée sans avis d'audience, à moins que le danger de préjudice irréparable dû à un retard ne soit très grave, et l'ordonnance est alors rendue restituable le plus tôt possible, afin de donner aux défendeurs la possibilité d'être rapidement entendus. Si une ordonnance d'interdiction temporaire devait être accordée de manière imprévue sur des documents insuffisants et sur demande *ex parte* , il est bien connu que l'ordonnance peut être et est souvent annulée immédiatement sur demande *ex parte* des défendeurs. La plupart des avocats connaissent de tels cas. Le fait est que les travailleurs ont toujours eu droit à une audience et à une journée de comparution devant le tribunal en relation avec des ordonnances d'injonction, et qu'aucun homme n'a jamais été puni pour outrage par un tribunal américain sans en avoir été dûment informé et sans avoir eu la possibilité de présenter son excuse ou son refus. la défense. En effet, si un homme était puni sans préavis ni possibilité d'être entendu, l'ordre de le punir serait sans juridiction et totalement nul.

Je peux ajouter que les membres violents et sans foi ni loi des organisations ouvrières n'obtiendront en fin de compte aucune liberté ni aucun avantage réel pour les classes laborieuses, même s'ils réussissent à abolir le mandat d'injonction dans les conflits du travail et, avec lui, le pouvoir des travailleurs. les tribunaux pour punir la désobéissance comme un outrage au tribunal. La destruction de propriétés et les agressions contre des travailleurs pacifiques ne peuvent être tolérées de manière permanente dans aucune communauté civilisée. Tôt ou tard, le gouvernement devra accorder une protection sous une forme ou une autre ; sinon le chaos, l'anarchie et la barbarie sont inévitables. Si des injonctions ne peuvent être émises pour réprimer les violents et protéger les biens du citoyen innocent et respectueux des lois, simplement parce qu'il est employeur ou propriétaire foncier, il faudra finalement recourir au gourdin du policier ou à la baïonnette du policier. le milicien ou le régulier. Il ne sert à rien de faire fi de cette certitude. C'était clairement l'alternative présentée par la grève Pullman ; et le président Cleveland préféra alors sagement la procédure ordonnée et pacifique d'une cour de justice au pouvoir de police de l'armée. Sous le régime militaire, les travailleurs pourraient ne pas être entendus du tout, et la loi martiale, avec ses pratiques arbitraires et son pouvoir despotique, devra être substituée à la procédure régulière de tribunaux impartiaux agissant en connaissance de cause à toutes les personnes concernées et en leur donnant pleinement la possibilité de prendre des décisions. être entendu.

Les articles 602 à 630 du Code de procédure civile de New York protègent depuis longtemps les droits d'un gréviste aussi adéquatement que tout autre système de procédure, étatique ou fédéral, national ou étranger, et même mieux que la récente décision de la Cour suprême des États-Unis. , que certains dirigeants syndicaux considèrent comme une aubaine. N'oublions pas qu'il peut être utile de rappeler le libellé exact de l'article 626, qui constitue la loi statutaire depuis 1895. Il est le suivant : « Lorsque l'ordonnance d'injonction a été accordée sans préavis, la partie à laquelle l'interdiction a été faite peut demander, sur présentation des documents à la suite de laquelle elle a été accordée, pour une ordonnance annulant ou modifiant l'ordonnance d'injonction. Une telle demande peut être présentée, sans préavis, au juge ou au juge de paix qui a accordé l'ordonnance, ou qui a exercé le mandat du tribunal où elle a été accordée ; ou à un mandat de la chambre d'appel de la Cour suprême. Elle ne peut être faite sans préavis, à tout autre juge, juge ou mandat, à moins que le demandeur ne prouve, par affidavit, qu'en raison de l'absence ou de toute autre incapacité du juge ou le juge qui a accordé l'ordonnance, la demande ne peut lui être faite; et que le demandeur s'exposera à un préjudice grave, par le délai requis pour une demande sur avis. L'affidavit doit être déposé au greffier; et une copie de celui-ci, et de l'ordonnance annulant ou modifiant l'ordonnance d'injonction, doit être signifiée à l'avocat du demandeur, avant que cette ordonnance ne prenne effet.

Comme tous les avocats le savent, une ordonnance d'interdiction ou d'injonction n'est jamais accordée par un tribunal d'État ou fédéral de New York sans en informer les défendeurs, sauf lorsque la preuve est soumise au juge par affidavit ou plainte vérifiée qui montre que, à moins que le défendeur être immédiatement interdite, une perte ou un dommage irréparable en résultera pour le demandeur avant que l'affaire puisse être entendue sur avis. Si le tribunal a soumis la preuve sous serment que les accusés menacent immédiatement de blesser quelqu'un ou de détruire des biens, il est du devoir du juge - et ce sera peut-être un jour le devoir de tout juge américain - d'émettre sans délai une injonction. , car un retard dans un tel cas entraînerait dans la plupart des cas un déni complet de justice.

Si notre système de lois égales administrées de manière impartiale doit perdurer, les tribunaux doivent continuer à protéger les individus au moyen d'ordonnances d'injonction, et ils ne devraient pas être privés du pouvoir d'exercer l'un des recours les plus bénéfiques offerts par tout système de justice. lois et indispensable à l'administration dûment et satisfaisante d'une justice distributive et égale.

Quelques exemples typiques de fausses déclarations de nos tribunaux par des leaders de l'opinion publique seront rappelés à propos de l'affaire Tenement House Tobacco, de l'affaire Bakers, de l'affaire Ives et d'autres affaires impliquant ce qu'on appelle la législation sociale. [57]

Lorsque les déclarations de M. Roosevelt concernant l'affaire Tenement House ont été récemment contestées par quatre avocats, dont le sénateur Root, M. Milburn et M. Marshall, comme étant inexactes et susceptibles d'induire les électeurs de l'État en erreur, il n'a apporté aucune correction. mais a exhorté la population à accepter ses déclarations et celles d'un travailleur des implantations au lieu du dossier de l'affaire devant la Cour d'appel. Cet incident montrera la difficulté de combattre de telles déclarations inexactes, qui font l'objet d'une grande publicité dans la presse de tout le pays, alors que la réfutation est généralement ignorée. Un compte rendu des commentaires publics de M. Roosevelt, lorsque son attention a été attirée sur sa déclaration manifestement incorrecte de la décision dans l'affaire Tenement House, le cite comme suit :

"On m'a informé que ces quatre messieurs ont attaqué ces déclarations comme étant contraires à la fois aux faits et à la loi. Le premier était le cas des fabricants de cigares des immeubles d'habitation. Je vais maintenant vous lire ce qu'a dit l'une des femmes qui connaît les conditions de la vie dans un immeuble comme peu d'autres femmes, et comme presque aucun homme, ne les connaît, par Florence Kelly dans un livre intitulé « Quelques gains éthiques grâce à la législation », et je félicite cordialement M. Root et ses associés qui ont signé sa protestation pour étudier ce livre et réfléchir à ce que l'on entend par le mot « éthique » en relation avec la législation. À propos de l'affaire Jacobs, à laquelle j'ai fait référence, Mme Kelly dit : « À la décision de la Cour d'appel dans l'affaire L' affaire Jacobs est directement due à la persistance de la fabrication des immeubles et du système de transpiration aux États-Unis et à sa prévalence actuelle à New York. C'est la déclaration d'une femme qui, en ce qui concerne la connaissance des conditions de vie dans les immeubles d'habitation, en sait tellement plus que ces quatre grands avocats d'entreprise que son petit doigt est plus gros que leurs reins quand on vient étudier ce qu'ils savent et ce qu'elle sait de le sujet dont ils ont, par ignorance, prétendu parler.

Et pourtant, tout ce que ces avocats ont fait, c'est de souligner l'inexactitude des déclarations de M. Roosevelt quant aux décisions des tribunaux, et de suggérer que cette inexactitude serait démontrée par référence aux archives des tribunaux, qui sont accessibles à tous ceux qui le souhaitent. prends soin de prendre la peine de vérifier la vérité.

Il convient de rappeler, à propos de tout examen juste et franc de l'affaire Tenement House, que la convention constitutionnelle de 1894 avait amplement l'occasion de modifier la règle dans cette affaire si elle avait alors été considérée comme interférant avec la réalisation de la « justice sociale ». Bien que le sujet ait été porté à l'attention de la Convention, il a été jugé opportun de n'y apporter aucun changement. La règle est raisonnable et bien établie dans l'interprétation des constitutions et il était bien connu des éminents membres de cette convention que « lorsqu'une clause ou une disposition d'une constitution, qui a reçu une interprétation judiciaire constante, est adoptée dans les mêmes termes par les rédacteurs d'une autre constitution, il sera présumé que la construction de celle-ci a également été adoptée. »

Une autre décision judiciaire dénoncée par M. Roosevelt quelques jours avant les dernières élections est l'affaire Knisley évoquée plus haut. Parlant de cette affaire, il a déclaré à son auditoire, et à travers la presse à tout le pays, que « la Cour d'appel a rejeté l'affaire et a déclaré la loi inconstitutionnelle pour ce motif : que le législateur ne pouvait pas interférer avec la liberté de cette jeune fille ». en perdant son bras... Le problème était qu'ils connaissaient la loi mais ne connaissaient pas le droit, et plus encore, comme je l'ai dit, qu'ils s'étaient arrogés le droit que le peuple devrait avoir - le droit de décider quoi faire. le bon sens et la justice du peuple l'exigent. » Pourtant, il n'y avait pas un seul mot dans le dossier ou dans l'opinion de la Cour d'appel qui suggérait que la loi était inconstitutionnelle ou que le législateur n'avait pas plein pouvoir pour modifier la règle de common law dans de tels cas et rendre l'employeur responsable de ses ouvriers ou ouvrières blessés s'il ne s'est pas conformé à une loi prescrivant des gardes ou d'autres protections pour les employés. L'enquête la plus superficielle aurait révélé que la Cour d'appel n'a jamais laissé entendre qu'une telle loi serait inconstitutionnelle et que, dans l'affaire Knisley, elle n'a été saisie ni n'a tranché aucune question concernant la constitutionnalité d'une loi . du législateur.

Peu avant les élections, M. Roosevelt a fait publier dans le « Saturday Evening Post » de Philadelphie, sous le titre « The Deceitful Red Herring », la déclaration suivante : « Notre programme exige une loi de huit heures pour les femmes dans les industries. ... Mais la Cour d'appel de New York a déclaré que les dix millions d'habitants de mon État n'ont pas ce droit s'ils souhaitent l'exercer. À New York, les gens n'ont pas demandé une journée de huit heures... a demandé seulement une journée de dix heures pour les femmes. Ensuite, la Cour d'appel a déclaré que, selon leur interprétation de la Constitution, le petit commerçant clandestin ou le grand propriétaire d'usine peut travailler des femmes hagardes douze, quatorze ou seize heures par jour, s'il choisit, et nous ne pouvons pas l'arrêter.

Mais en réalité, comme la moindre enquête l'aurait révélé, la Cour d'appel de New York n'avait jamais rien décidé de tel. De plus, il existait dans notre État, au moment où M. Roosevelt a publié cette déclaration, une loi limitant la durée du travail des femmes à neuf heures par jour et cinquante-quatre heures par semaine, [58] et pendant treize ans avant le récent amendement, il y avait Il existe une loi limitant la durée du travail des femmes à dix heures par jour et soixante heures par semaine. Ces lois étaient régulièrement appliquées depuis des années et leur constitutionnalité n'avait jamais été remise en question, pour autant que j'ai pu le vérifier.

Immédiatement après la publication de cet article dans le "Saturday Evening Post", une communication a été adressée à l'éditeur par un membre bien connu et réputé du barreau de New York, M. Alfred E. Ommen, soulignant l'inexactitude concernant la Cour d'appel et démontrant définitivement son erreur ; mais cet important périodique, avec peut-être le plus grand tirage de tous les hebdomadaires américains, a jugé bon de laisser sans correction cette déclaration fausse et grossièrement trompeuse, et il ne l'a pas encore retirée, et ne le fera probablement jamais.

Telle est la teneur des critiques à l'égard des tribunaux que l'on retrouve dans les discours publics et dans toutes les formes de publication. Ils se répètent constamment dans la presse et bénéficient de l'autorité de chefs distingués de l'opinion publique et d'hommes qui, à l'heure actuelle, ont l'oreille et la confiance du peuple. Les déclarations de ces hommes sont naturellement considérées comme exactes et vraies. Qui croirait possible que de telles déclarations puissent être faites par un ancien président des États-Unis à moins qu'elles ne soient vraies ? Alors que l'ébauche de ce rapport est en cours de révision, une publicité proclame une reprise par M. Roosevelt de son attaque contre les tribunaux, et un nouvel agresseur et critique apparaît en la personne de M. William Randolph Hearst, qui semble désireux d'imiter M. Roosevelt dans ses abus envers les tribunaux. La presse dans son ensemble continue de donner la plus grande publicité à toutes les attaques contre les tribunaux et peu ou pas de place à leur réfutation. Les juges sont déformés et agressés de toutes parts. Ils ne peuvent pas se défendre. Jusqu'à présent, le barreau dans son ensemble a semblé indifférent ; et dans le grand forum de l'opinion publique, le jugement va par défaut.

Si ces critiques trompeuses ne sont pas réfutées et si les tribunaux ne sont pas défendus, ils risquent de céder devant la tempête de censure imméritée et les clameurs de la foule. Il existe un grave danger que les juges soient inconsciemment intimidés et contraints par ces abus. En effet, certaines décisions récentes sont inquiétantes. N'est-il pas alors juste et opportun que les membres de notre profession se chargent spécialement de la tâche de défendre les tribunaux et de présenter les faits au peuple ? Les barreaux du pays ne seront jamais appelés à rendre un plus grand service à la profession et à la communauté dans son ensemble que celui d'endiguer cette vague de fausses déclarations et d'abus excessifs et de restaurer la confiance dans le savoir, l'impartialité et l'indépendance de nos avocats. les juges, dans la justice de leurs décisions et dans la nécessité de faire respecter les restrictions constitutionnelles.

NOTES DE BAS DE PAGE :

[50] Lire en complément du rapport d'un comité nommé par l'Association du Barreau de l'État de New York, soumis lors de la trente-sixième réunion annuelle de l'Association tenue à Utica, le 24 janvier 1913.

[51] 148 Rapports de New York, p. 372.

[52] 206 Rapports de New York, p. 355.

[53] 153 Rapports de la Division d'appel de New York, p. 674.

[54] 206 Rapports de New York, p. 162.

[55] 154 Rapports de New York, p. 355 ; 117 Rapports de la Division d'appel de New York, p. 40 ; et 191 Rapports de New York, p. 528.

[56] 158 Rapports des États-Unis, p. 564.

[57] Voir l'analyse *supra* , p. 48 à 70.

[58] Voir la loi du travail de New York, sec. 77.

FISCALITÉ GRADUÉE OU PROGRESSIVE [59]

Le RÉCENT message du Président au Congrès a attiré de manière frappante l'attention du public américain sur la question de l'imposition progressive des successions et des revenus. Suite aux suggestions contenues dans le message, des projets de loi prévoyant de telles taxes ont déjà été présentés à la Chambre des représentants. Des amendements à la Constitution ont également été proposés, dont l'un consiste à autoriser le Congrès à imposer les successions d'un montant ou de plus de 50 000 dollars et à prélever un impôt sur le revenu sans répartition. Les projets de loi à l'étude prévoient que les successions de 10 000 $ et moins et les revenus de 4 000 $ et moins seront entièrement exonérés des taxes proposées. Les échelles graduées proposées doivent aller de trois quarts de un pour cent. sur les héritages ou successions de plus de 10 000 $ et n'excédant pas 25 000 $ jusqu'à concurrence de vingt-cinq pour cent. sur les héritages ou successions excédant 30 000 000 $, et de deux pour cent. sur les revenus dépassant 4 000 $ par année et n'excédant pas 8 000 $ jusqu'à concurrence de six pour cent. sur tous les revenus supérieurs à 64 000 $. Il est également suggéré que le Congrès, au moyen de ces impôts, devrait chercher non seulement à lever des revenus pour soutenir le gouvernement national, mais aussi à résoudre les problèmes sociaux en brisant des fortunes supposées gonflées à un niveau malsain et en provoquant ainsi un redistribution des richesses.

En examinant ces mesures proposées, il convient de garder à l'esprit que, si elles ou toute proposition similaire devenaient des lois, le résultat serait - et telle est sans aucun doute l'intention - d'exonérer la majorité des propriétaires fonciers de cette forme d'impôt et de le fardeau pèse sur une très petite minorité. Il faut également comprendre que cette imposition progressive proposée, notamment en ce qui concerne les successions, n'est reconnue que comme un premier pas, et que des augmentations de l'échelle de progression sont envisagées et suivront certainement. En effet, le Président déclare qu'"au début, un impôt national permanent sur les successions... ne doit pas nécessairement se rapprocher, ni en termes de montant, ni en termes d'augmentation au fur et à mesure du diplôme, de ce qu'un tel impôt devrait être en fin de compte". Étant donné que les États ont tout pouvoir pour prélever des impôts sur les successions et qu'à l'heure actuelle, ils tirent probablement de cette source jusqu'à 10 000 000 $ par an, il doit être évident que, si le barème adopté par le Congrès est élevé, les ressources des États être réduit en conséquence. En cas de conflit, les impôts nationaux auraient préséance sur les impôts des États. Il faut aussi garder à l'esprit que le pouvoir de taxer est le plus puissant de tous les pouvoirs gouvernementaux, qu'il implique le pouvoir de détruire, qu'il ne connaît généralement aucune limite si ce n'est la discrétion et la modération des législateurs, et que de tous les pouvoirs il est le l'un des plus susceptibles d'abus.

Depuis la Déclaration d'Indépendance jusqu'à nos jours, le trait distinctif du système de gouvernement américain a été l'égalité devant la loi, non seulement l'égalité des droits mais l'égalité des devoirs et l'égalité des charges. L'égalité a été exigée dans tous les domaines, notamment en matière fiscale. Les quelques exceptions en matière fiscale, notamment en temps de guerre, n'affectent pas la règle générale qui a été suivie. Les tribunaux ont déclaré que, selon les idéaux américains, « la justice commune exige que la fiscalité soit, dans la mesure du possible, égale ». L'expérience a montré que la seule protection efficace contre l'injustice et la discrimination en matière fiscale réside dans le respect d'une certaine règle d'égalité et de répartition ; et s'il est vrai que l'égalité absolue n'est pas toujours réalisable, un rapprochement de l'égalité doit néanmoins être considéré comme indispensable. Comme l'a dit Hamilton : « Le génie de la liberté réprouve tout ce qui est arbitraire ou discrétionnaire en matière de fiscalité. » Et le juge Cooley, dans son célèbre ouvrage sur les « Limitations constitutionnelles », a déclaré : « Il est de l'essence même de l'impôt qu'il soit prélevé avec égalité et uniformité et, à cette fin, qu'il y ait un certain système de répartition. commune, il devrait y avoir une contribution commune pour s'en acquitter. L'impôt est l'équivalent de la protection que le gouvernement accorde aux personnes et aux biens de ses citoyens ; et comme tous sont également protégés, de même tous devraient également supporter le fardeau, en proportion de la intérêts garantis. » [60]

Dans l'impôt proportionnel ou égal, par lequel chaque propriétaire foncier contribue aux dépenses du gouvernement commun selon le montant des biens qu'il possède ou hérite, ou selon les revenus dont il jouit, nous trouvons une règle parfaitement sûre et cohérente et une règle précise et logique. principe sur lequel travailler. La fiscalité proportionnelle soumet au fardeau du gouvernement de manière équitable et égale tous les propriétaires fonciers, sans distinction et sans discrimination. Rien n'est laissé à la simple discrétion ou au jeu d'un pouvoir arbitraire et irresponsable, et aucune classe n'est susceptible d'être injustement pointée du doigt ou discriminée. Là où la propriété est aussi généralement distribuée qu'elle l'est dans ce pays, un impôt proportionnel atteint habituellement, sous une forme ou une autre, la majorité des électeurs de ceux qui votent les impôts, et le sens des responsabilités envers ces électeurs agit comme une force conservatrice et comme une force conservatrice. un contrôle sur les impôts injustes et injustes, ainsi que sur les dépenses imprévoyantes et extravagantes. Un impôt proportionnel crée généralement un grand nombre d'électeurs contribuables dont les intérêts patrimoniaux les poussent à surveiller de près leurs représentants et à les obliger à une stricte responsabilité. Nous avons alors la fiscalité dans son fonctionnement pratique qui va de pair avec la responsabilité représentative, qui était le principe cardinal pour lequel notre guerre d'indépendance a été menée. Un législateur qui est conscient du fait qu'un nombre important, voire majoritaire, de ses électeurs ressentira le fardeau de tout impôt qu'il vote, est nécessairement plus prudent, plus économe et plus enclin à être juste que s'il ne le faisait pas. un tel sens des responsabilités existe.

D'un autre côté, là où la grande majorité des électeurs doivent être exonérés d'impôts et où, par conséquent, ils auront le sentiment qu'ils n'ont aucun intérêt personnel dans les dépenses gouvernementales, ils ne prendront probablement que peu ou pas de peine pour veiller à ce que est une répartition équitable des impôts que d'autres doivent payer, ou toute économie dans les dépenses gouvernementales que d'autres doivent pourvoir. Leur sens de la justice et du devoir civique s'émoussera. Il s'ensuivra que, si les législateurs sont libres d'adopter des lois qui exemptent d'impôts la grande majorité de leurs électeurs et qui font supporter le fardeau et les dépenses du gouvernement sur quelques riches, souvent moins de deux ou trois pour cent. des électeurs de leurs circonscriptions respectives, il n'existera aucune restriction pratique sur les dépenses, mais, au contraire, toute tentation d'extravagance, de gaspillage et d'injustice.

Un impôt gradué ou progressif est nécessairement arbitraire, car il n'existe pas de règle ou de principe précis à appliquer au barème. Le tarif, raisonnable au début, peut à terme devenir confiscatoire. Il n'y a rien pour vérifier ou arrêter l'échelle ascendante. Un acte d'injustice en entraînera un autre. L'appétit grandira et produira de nouvelles injustices. Si une taxe de vingt-cinq pour cent. sur les grandes fortunes ne semble désormais à certains qu'un début modéré, où s'arrêtera l'impôt , et qui doit déterminer ce qui est ou n'est pas raisonnable et au-delà de quel point un corps législatif ne doit pas aller ? Quelques partisans d'une fiscalité progressive ont déjà suggéré cinquante pour cent. comme un maximum applicable au soi-disant surplus des grandes fortunes, mais d'autres, plus radicaux et moins responsables, préconiseront volontiers un impôt de cent pour cent. sur le surplus qu'ils considèrent comme superflu ou malsain. Il n'y a en effet aucune limite à l'ascension possible sur l'échelle de progression, et aucun pouvoir pour empêcher les abus et l'oppression de la part de majorités temporaires et irresponsables. Les riches seraient alors complètement à la merci du simple nombre.

Durant la Révolution française, l'expérience est tentée sous le nom d'emprunt obligatoire. Ces prêts ont finalement absorbé cinquante pour cent. de tels revenus que la majorité de l'Assemblée législative a jugé bon de considérer comme *abondants* , et à cent pour cent. de tous les revenus qu'ils jugeaient *superflus* .

Le regretté WEH Lecky, l'un des historiens les plus éminents de notre époque, a écrit ce qui suit à propos de l'imposition progressive dans son ouvrage sur « Démocratie et liberté » : « Lorsque le principe de taxer toutes les fortunes sur le même taux de calcul est abandonné, il n'y a pas de solution définitive. La règle ou le principe demeure. Le point de départ de l'échelle supérieure, ou le degré auquel elle doit être élevée, dépend entièrement de la politique des gouvernements et de l'équilibre des partis. L'échelle ascendante peut être au début très modérée, mais elle peut à tout moment, lorsque de nouveaux impôts sont requis, être rendus plus sévères, jusqu'à ce qu'il atteigne ou s'approche du point de confiscation. Aucune ligne fixe ni aucun montant de graduation ne peuvent être maintenus en principe, ou avec aucune chance de finalité. Cela dépend des intérêts et des souhaits des électeurs, des politiciens des partis qui cherchent un cri et rivalisent pour obtenir les votes d'hommes très pauvres et très ignorants. Dans un tel système, toutes les grandes propriétés peuvent facilement devenir dangereuses, et une insécurité peut surgir qui être fatal à toutes les grandes entreprises financières. En même temps, les restrictions les plus sérieuses à l'extravagance parlementaire seront supprimées, et les majorités seront investies de l'instrument d'oppression le plus simple et le plus puissant. Une fiscalité hautement graduée réalise le plus complètement le danger suprême de la démocratie, créant un état de choses dans lequel une classe impose à une autre des charges qu'on ne lui demande pas de partager, et poussant l'État à de vastes projets d'extravagance, avec la conviction que tout le coût sera jeté sur les autres. »

Dans McCulloch sur « Taxation », traité de référence en Angleterre sur le sujet depuis cinquante ans, le langage suivant est utilisé : « On soutient que, afin de proportionner équitablement l'impôt à la capacité des cotisants, une telle échelle graduée de il faudrait adopter un droit qui devrait peser légèrement sur la plus petite classe de propriétés et de revenus, et augmenter à mesure qu'ils deviennent plus grands et plus capables de supporter l'impôt. Nous prenons cependant la permission de protester contre cette proposition, qui n'est pas plus séduisante qu'elle. est injuste et dangereux... S'il ignore entièrement certaines classes, ou s'il exerce une pression moins forte sur certaines que sur d'autres, il est injustement imposé. Dans un tel cas, le gouvernement est clairement sorti de son domaine propre et a l'impôt était établi non pas dans le but légitime d'affecter une certaine proportion des revenus de ses sujets aux besoins publics, mais pour qu'il puisse en même temps régler les revenus des contributeurs, c'est-à-dire qu'il puisse déprimer une classe et en élever un autre. La tolérance d'un tel principe conduirait nécessairement à toutes sortes d'abus. »

Le célèbre économiste et scientifique français Leroy-Beaulieu dans ses ouvrages, *Traité d'Economie Politique* et *Science des Finances* , discute longuement de toute la question de l'imposition graduée ou progressive, et la condamne comme vicieuse en théorie et imprudente et injuste dans la pratique. Il dit entre autres : « L'impôt progressif constitue une véritable spoliation. Il viole en outre la règle établie par toute civilisation, selon laquelle l'impôt doit être imposé avec le plein consentement du contribuable ; Dans ce cas, c'est la masse des électeurs qui se décharge du lourd poids de l'impôt et le fait peser sur une minorité, et cette minorité ne consent pas, même tacitement, aux excès dont le gouvernement veut les charger. Le taux de l'impôt est égal pour tous, on peut considérer que le vote en faveur de l'impôt par le législateur entraîne l'acquiescement implicite de tous les contribuables ; sinon non... Tout système d'imposition progressive, si atténué soit-il, est inique et dangereux."

Et les mêmes conclusions ont été tirées par un certain nombre d'autres éminents savants et hommes d'État français, parmi lesquels on peut citer Thiers, Beauregard et Stourm .

Le droit des États de prélever des impôts progressifs et inégaux sur les successions et les dispositions testamentaires est fréquemment invoqué pour être soutenu sur la base de la théorie selon laquelle le pouvoir de nos législatures sur les successions aux biens des défunts est illimité, que le droit de réussir est un simple droit légal. privilège, et que nos législateurs peuvent arbitrairement accorder ou refuser ce privilège, à leur volonté et à leur discrétion. Il est cependant loin d'être établi qu'un pouvoir aussi arbitraire et illimité soit conféré aux législatures de nos États, comme celui de nier totalement le droit d'héritage ou de disposition testamentaire, ou de discriminer dans la réglementation ou l'octroi de ce privilège. Le pouvoir de réglementer l'exercice d'un droit n'implique pas nécessairement le pouvoir de le nier purement et simplement. Tous les droits de propriété ainsi que de liberté personnelle sont soumis à une réglementation raisonnable, mais cela n'implique pas le pouvoir de détruire de manière absolue ou arbitraire ces droits. Le droit d'héritage des enfants n'était pas à l'origine une création du droit écrit, bien que l'on suppose souvent le contraire. C'était un droit coutumier bien avant la Conquête et avant toute loi dont nous disposons. Les historiens du droit la traitent comme « notre droit commun en matière de succession ». Dans la dernière histoire faisant autorité du droit anglais, celle de Pollock et Maitland, les auteurs disent qu'« en appelant à notre aide une loi sur la succession ab intestat, nous n'invoquons pas une force moderne » et que « l'époque où une telle loi a existé est au sens strict une époque préhistorique. Nous constatons que c'était un droit déjà établi dans chacun des treize États originels au moment de la fondation du gouvernement national ; qu'il a toujours existé dans les pays civilisés, autant que nous le sachions ; qu'il était reconnu dans les Douze Tables comme un droit chez les

Romains ; que c'était un droit bien avant parmi les Égyptiens, et qu'il imprègne la loi mosaïque. Un écrivain distingué déclare que c'est là la direction générale de la Providence elle-même. Et le chancelier Kent a déclaré que « la nature et la politique ont également concouru pour introduire et maintenir cette règle primordiale de l'héritage dans les lois et les usages de toutes les nations civilisées ».

Le pouvoir de la disposition testamentaire s'est sans aucun doute développé pour limiter le droit d'héritage et afin d'empêcher la déshérence faute d'héritiers. Mais quelle que soit sa source ou sa preuve – que ce soit dans les anciennes coutumes ou dans la pratique des cadeaux *post-nécrologiques* – ce droit a été reconnu depuis des temps immémoriaux. Comme le dit Blackstone dans ses « Commentaires », « en Angleterre, ce pouvoir de léguer est contemporain des premiers rudiments du droit, car nous n'avons aucune trace ni aucun mémorial d'une époque où il n'existait pas ».

Quel que soit le langage général que l'on retrouve dans certaines décisions judiciaires, et quel que soit le pouvoir extrême des législatures de nos États dans l' abstrait, il est difficilement concevable qu'un État tente de mettre en déshérence ou de confisquer tous les biens des défunts à l'exclusion des enfants et des proches parents, ou que cela nierait totalement le droit de disposition testamentaire. Quoi qu'il en soit, si la déshérence ou la confiscation étaient jamais décrétées, il faudrait que ce soit par des lois s'appliquant également à tous les défunts, et non seulement à une classe sélectionnée. Les garanties du quatorzième amendement empêcheraient toute discrimination.

Mais, si illimité que soit le pouvoir des États à cet égard, il ne fait certainement aucun doute que les auteurs de la Constitution des États-Unis n'avaient pas l'intention de déléguer au Congrès le pouvoir de réglementer les successions aux successions. les défunts ou le privilège de disposition testamentaire ou d'héritage. Personne n'a encore sérieusement affirmé qu'une telle autorité relevait de la sphère légitime du gouvernement national telle que l'envisageaient ses fondateurs. Le pouvoir de réglementer les successions aux biens des défunts était réservé aux États, et les tribunaux jugeraient sans aucun doute que toute tentative directe de la part du Congrès de réglementer les successions en tant que telles, ou la propriété ou le transfert de propriété, dépassait ses limites. pouvoirs. En matière de successions, le Congrès ne peut donc exercer que le pouvoir de taxation.

Pourtant, certains soutiennent que, dans la mesure où le Congrès a le pouvoir d'imposer les successions, il pourrait, sous couvert d'exercer ce pouvoir, réglementer les héritages et ainsi briser les grandes fortunes et imposer une redistribution des richesses. En d'autres termes, l'argument est que le Congrès peut, sous le couvert ou le prétexte d'une loi fiscale, accomplir indirectement un objectif qu'il ne pourrait pas accomplir directement, faute de pouvoir, même si la réalisation de cet objectif constituerait un empiètement délibéré sur les droits réservés des États.

Cette vision comporte un grand danger et ouvre la porte à des abus de la part du Congrès du pouvoir de taxation. Si une loi fédérale est censée, à première vue, être une mesure fiscale et, en fait, vise dans une certaine mesure cette fin, les tribunaux ne peuvent généralement pas l'écarter, même si le motif de son adoption est d'atteindre un objectif qui n'est pas confié à l'État fédéral. gouvernement. La compétence des tribunaux est limitée. Les lois qui visent à atteindre des objectifs illégitimes ne peuvent pas toujours être annulées. Le pouvoir du Congrès de prélever un impôt progressif sur les successions comme mesure fiscale serait pratiquement illimité à moins que, dans un cas particulier, la loi ne soit si extravagante et son objet inconstitutionnel si clair qu'il établisse sans aucun doute un objectif non autorisé. Il n'appartient pas au pouvoir judiciaire de déterminer si un impôt donné qui génère des recettes est raisonnable ou déraisonnable, ni d'enquêter sur les motivations du Congrès lorsqu'il a promulgué la loi. Les tribunaux pourraient donc ne pas être en mesure d'annuler une loi sur les droits de succession adoptée par le Congrès, même si elle en absorbait cinquante pour cent. ou plus de successions, bien qu'il puisse paraître tout à fait évident que le véritable objet de la loi était d'envahir le domaine des États et de réglementer les successions en violation flagrante de l'esprit de la Constitution.

Rien ne pourrait être mieux calculé pour saper l'ensemble de notre système de gouvernement constitutionnel que l'idée selon laquelle les tribunaux sont seuls les gardiens de la Constitution et que le Congrès peut légitimement promulguer toute loi que les tribunaux ne peuvent pas correctement annuler. La vérité est que le devoir de préserver et de défendre la Constitution dans toute son intégrité incombe au Congrès et au Président bien plus qu'aux tribunaux, et que si le Congrès et le Président n'observent pas les restrictions et les limitations imposées par la Constitution, le Congrès peut adopter de nombreuses lois qui sont inconstitutionnelles sur le fond mais que les tribunaux ne peuvent pas annuler. On insiste souvent pour que toutes les questions de constitutionnalité soient laissées aux tribunaux et non au Congrès ou au Président. La vraie doctrine, cependant, est que le Congrès ne devrait pas promulguer ni le Président ne devrait approuver une loi dont ils ne sont pas convaincus, en tant qu'agents et représentants du peuple, qu'elle cherche à atteindre une fin légitime dans le cadre d'un pouvoir délégué au Congrès. et non réservé aux États ou au peuple. Ils doivent d'abord déterminer, comme l'exige leur serment d'office, si, selon leur meilleur jugement, la loi est constitutionnelle ou non. C'était l'intention distincte des rédacteurs de la Constitution, et ils l'ont expressément prévu, que chaque membre du Congrès, chaque sénateur et chaque représentant, soit tenu par serment ou affirmation de soutenir la Constitution, et que le Président , en particulier, il doit être chargé du devoir de le préserver, de le protéger et de le défendre au mieux de ses possibilités. Ce devoir s'étend non seulement à la lettre mais à l'esprit de la Constitution. Ce serait une démonstration lamentable d'un manque de ce que l'on pourrait bien appeler une moralité constitutionnelle si, dans les débats sur les mesures en cours, nous entendions à nouveau suggérer que des objets qui ne relèvent pas de tout pouvoir délégué au gouvernement national pourraient néanmoins être indirectement au moyen d'un impôt fédéral sur les successions, en violation des droits réservés des gouvernements des États.

Si, en élaborant une loi sur les droits de succession, le Congrès garde à l'esprit que la réglementation des successions aux biens des défunts est une question qui relève uniquement de la compétence des États et ne doit pas être usurpée par le gouvernement fédéral, l'objet de la collecte de revenus seul peut conduire à des impôts justes et raisonnables prélevés impartialement sur tous ceux qui devraient être appelés à payer pour le soutien et l'entretien du gouvernement commun dont ils bénéficient de la protection. Il serait peut-être alors plus judicieux de comprendre que les États ont des fonctions gouvernementales importantes et étendues à remplir ; qu'ils ont besoin de droits de succession pour soutenir leurs gouvernements, leurs écoles, leurs œuvres caritatives, leur police et leurs améliorations publiques, et que tout impôt fédéral lourd sur les successions les embarrasserait et les paralyserait. C'est bien sûr une chose de recourir à un impôt fédéral sur les successions comme mesure de guerre temporaire, alors que le patriotisme inspire l'acquiescement et le sacrifice volontaires, et une tout autre chose d'établir un tel impôt comme méthode permanente de collecte du revenu national à une époque donnée. de paix et de prospérité alors que cela pourrait avoir pour effet de retirer cette source de revenus aux États.

La question des impôts fédéraux sur le revenu reste à examiner. Il ne fait aucun doute que n'importe quel État peut prélever des impôts sur le revenu. Il ne fait aucun doute non plus qu'en vertu de la Constitution fédérale telle qu'elle existe actuellement, le Congrès peut prélever un impôt sur le revenu à condition qu'il soit réparti en fonction de la population, comme l'exigent tous les impôts fédéraux directs. Il ne fait également aucun doute que le Congrès, au moyen d'une taxe d'accise, peut atteindre les revenus provenant de toute entreprise ou profession, et qu'une telle taxe, étant essentiellement une taxe d'accise sur les entreprises, n'a pas besoin d'être répartie mais doit simplement être uniforme dans tout le pays. États-Unis. Par exemple, un impôt sur les revenus des chemins de fer et des entreprises manufacturières pourrait être prélevé sans répartition et générerait des revenus importants. Cela aurait également l'avantage de puiser les revenus à la source. Un impôt du Congrès sur les terres et les biens personnels en tant que tels serait, personne ne le conteste, un impôt direct et soumis à la règle de répartition, et un impôt sur les revenus de la propriété est en substance et en effet pratique et juridique l'équivalent d'un impôt. sur la propriété elle-même.

Comme l'a déclaré le juge en chef Fuller dans les affaires relatives à l'impôt sur le revenu : « L'acceptation de la règle de répartition était l'un des compromis qui ont rendu possible l'adoption de la Constitution et assuré la création de cette double forme de gouvernement, si élastique et si forte. Si, en qualifiant un impôt d'indirect alors qu'il est essentiellement direct, on pouvait gaspiller la règle de protection, l'un des grands repères définissant la frontière entre la nation et les États qui la composent , aurait disparu, et avec lui un des remparts du droit privé et de la propriété privée." [61]

La règle de répartition n'est pas non plus injuste en elle-même, même dans les conditions existantes aujourd'hui. Si un impôt direct sur le revenu était désormais prélevé et dûment réparti entre les États en fonction de leur population, comme l'exige la Constitution, les petits États paieraient relativement peu et les États les plus peuplés et les plus riches devraient supporter ce qui semble être leur part entière de l'impôt sur le revenu. fiscalité nationale. New York devrait alors payer environ dix pour cent. d'un tel impôt, la Pennsylvanie huit pour cent, l'Illinois six pour cent, l'Ohio cinq pour cent, tandis que le Nevada ne paierait qu'un vingtième d'un pour cent. et le Delaware, un quart de un pour cent, bien que ces deux États aient au Sénat une représentation égale à celle de New York et de la Pennsylvanie. En effet, dix États devraient payer plus de la moitié de tout impôt direct, le solde étant réparti entre les trente-six États restants en fonction de leur population. D'un autre côté, si un impôt sur le revenu progressif tel que celui qui est actuellement proposé était prélevé sans tenir compte de la répartition et que tous les revenus de 4 000 $ et moins étaient exonérés, l'effet serait une répartition de plus de quatre-vingt-dix pour cent. de la totalité de l'impôt sur les habitants de moins d'un tiers des États.

Près de douze ans se sont écoulés depuis la décision dans les affaires relatives à l'impôt sur le revenu, et il y a eu amplement de temps pour amender la Constitution si le peuple le souhaitait. Mais, au lieu de soumettre un amendement comme celui qui a été présenté à la Chambre des représentants la semaine dernière, certains suggèrent de tenter d'ignorer ou de contourner la Constitution telle qu'interprétée par la Cour suprême et de spéculer sur la modification de sa Constitution. personnel et la possibilité d'avoir des opinions différentes de la part des nouveaux titulaires. La solution la plus simple et la plus sage serait certainement de connaître les souhaits du peuple de la manière prévue par la Constitution. En supposant, comme on l'affirme si souvent, que la population souhaite généralement un impôt fédéral sur le revenu, la ratification d'un amendement peut être facilement obtenue. Le Congrès, par un vote des deux tiers des deux chambres, peut immédiatement proposer l'amendement nécessaire, qui entrera en vigueur lorsqu'il sera ratifié par les trois quarts des États. La ratification pourra probablement être obtenue en moins de six mois s'il existe réellement un sentiment général en faveur d'un tel amendement, car plus des trois quarts des législatures des États se réunissent cet hiver. Si cela est jugé nécessaire, des conventions pourraient être convoquées pour se réunir dans quelques mois. En tout état de cause, le délai ne devrait pas dépasser quatorze mois.

Aucun étudiant de nos institutions ne peut douter que des amendements à la Constitution seront bientôt jugés nécessaires et que de tels amendements seront soumis au peuple. Notre système politique n'a cessé de croître. Les conditions changent constamment, et les pouvoirs qui étaient adéquats pour le gouvernement d'une fédération d'États agricoles peuvent devenir insuffisants pour les besoins du gouvernement national d'un peuple hautement commerçant et manufacturier, avec des intérêts mondiaux. Le discours éloquent de M. Root hier soir devant la Pennsylvania Society nous a montré à quel point nous tendons inévitablement et irrésistiblement vers la centralisation. Mais il est nuisible et dangereux pour le peuple d'apprendre qu'il est difficile, voire insurmontable, d'obtenir des amendements à la Constitution afin d'en suppléer aux défauts ou de répondre à des conditions modifiées et qu'il doit donc accomplir ses désirs par des moyens indirects ou en pervertissant la Constitution. pouvoirs délégués. Le contentement futur du peuple américain exige qu'il sente qu'il peut facilement et est libre de modifier sa loi organique selon son jugement mûr chaque fois qu'il le juge nécessaire. Tout ce qu'on peut demander, c'est qu'ils agissent délibérément de la manière prévue par la Constitution et dans des circonstances calculées pour donner le temps et l'occasion aux erreurs d'être révélées, aux théories, aux clameurs et aux préjugés de s'épuiser et « pour une seconde réflexion objective ». chaque partie du pays doit être affirmée. » Si donc il est décidé de donner au gouvernement national le pouvoir de lever des impôts sur le revenu sans répartition, ou de contrôler les successions des défunts, ou tout autre pouvoir, il faudra obéir à la volonté du peuple souverain. Mais espérons que lorsque les amendements seront adoptés , ils seront conservateurs et sages, que les pouvoirs réservés aux États ne seront pas inconsidérément réduits au grand embarras des États et que l'on comprendra que l'autonomie locale reste essentielle pour la perpétuation de nos institutions républicaines et fédérales.

NOTES DE BAS DE PAGE :

[59] Discours prononcé devant la National Civic Federation lors de sa réunion annuelle tenue à New York, le 13 décembre 1906.

[60] Limitations constitutionnelles, 7e éd., p. 705.

[61] 157 Rapports des États-Unis, p. 583.

LE DEVOIR DE CITOYENNETÉ [62]

Au DÉBUT de nos délibérations, délégués républicains, il peut être intéressant de rappeler les circonstances de deux campagnes nationales antérieures au cours desquelles les symptômes et les dissensions politiques étaient tout à fait analogues à ceux qui existent aujourd'hui. Lorsque la convention de l'État républicain s'est réunie en 1880, puis à nouveau en 1896, les perspectives de succès du parti républicain avaient été pendant un certain temps décourageantes. Dans chacune de ces campagnes, nombreux étaient ceux qui craignaient que le parti ait été perturbé et que son utilité ne touche à sa fin. Dans chaque campagne, une vague de fausses doctrines, de sentimentalité et de préjugés menaçait de noyer la raison au milieu de l'excitation, des clameurs et des déclamations ambiantes. Mais dans chaque cas, le courage et la sobriété sont venus avant novembre, et le bon sens, l'honnêteté, la raison et le patriotisme du peuple américain ont soutenu les principes et politiques solides du gouvernement national et constitutionnel que défend le parti républicain.

Durant les trois premiers mois de la campagne politique de 1880, il semblait que le candidat démocrate allait être élu. La nomination du général Hancock avait été accueillie avec de grandes démonstrations d'enthousiasme. Il était personnellement attrayant et populaire, et au début on ne prêta guère attention au fait que la plate-forme de son parti était radicale et s'était prononcée en faveur d'un « tarif pour les revenus uniquement », avec pour conséquence l'abandon du système protecteur. Les Républicains n'étaient pas unis ; dans certains États, ils étaient désespérément divisés. La défection serait certainement importante. Dans de nombreux États républicains, le parti du Billet vert, avec ses hérésies financières et sociales, a énormément gagné en force et a présenté une liste nationale. Le Maine avait été remporté en septembre par une combinaison de verts et de démocrates. En novembre, le parti républicain devait perdre le New Jersey, la Californie et le Nevada et, pour la première fois depuis la guerre civile, il ne parviendrait à recevoir aucune voix électorale des États situés au sud de la ligne de Mason et Dixon. Pourtant, Garfield a été élu par 214 voix électorales contre 155 pour Hancock. New York, qui était devenu démocrate en 1876 avec une majorité de 32 700 voix, est devenu républicain en 1880 avec une majorité de 21 000 voix. Nous voyons ainsi que, bien qu'il y ait eu alors schismes et dissensions dans les rangs républicains, et bien que le parti ait perdu le Maine en septembre et le New Jersey, la Californie et le Nevada en novembre, ainsi que tous les États du Sud, ses candidats ont néanmoins été élus.

L'examen des circonstances de la campagne de 1896 s'avérera encore plus instructif et encourageant. Le parti républicain est alors divisé et menacé de ruine par les défections. Les dirigeants de la convention nationale de Saint-Louis avaient courageusement refusé de se plier aux exigences et aux menaces d'une minorité nombreuse, qui réclamait une plate-forme radicale et un candidat radical. Un grand nombre de Républicains s'étaient enfuis, et ils proclamaient haut et fort qu'ils représentaient seuls le sentiment véritable et écrasant du parti. Selon eux, tout le reste était frauduleux, et tous ceux qui n'étaient pas d'accord avec eux étaient accusés d'avoir été corrompus par les intérêts de l'argent. Il était évident que cette faction avait pour objectif de gouverner ou de ruiner son parti et, n'ayant pas réussi à le contraindre, elle était déterminée à le renverser. Ils organisèrent un nouveau parti, qu'ils appelèrent le Parti National Argent ; ils se sont réunis en convention à Saint-Louis au milieu d'excitation, de poses et d'homélies vertueuses sur la réforme et l'élévation sociale, tout à fait similaires à celles que nous avons entendues au cours de l'été dernier ; ils ont prophétisé la mort du parti républicain pour sa prétendue trahison envers le peuple, et ils ont ensuite approuvé la candidature et les opinions de M. Bryan. Le parti populiste, également largement composé de républicains insatisfaits et mécontents, a tenu sa convention nationale à Saint-Louis, a connu des performances politiques et des manifestations émotionnelles similaires et a soutenu le candidat démocrate.

Il serait difficile d'exagérer l'enthousiasme suscité par M. Bryan en 1896. Je le commente maintenant afin que des comparaisons puissent être faites et que la leçon soit appréciée. Partout où il allait, des foules immenses et excitées se pressaient autour de lui et acclamaient sauvagement ses paroles. Une grande partie du caractère de la campagne actuelle était alors évidente. Bryan prêchait une réforme sociale et une croisade contre les institutions établies, le gouvernement constitutionnel et la suprématie de la loi. Il jouait sur l'envie, le mécontentement et la cupidité. Il attira sous son étendard les restes de « l'armée » de Coxey, qui, deux ans auparavant, avait marché vers Washington, se faisant appeler « l'Armée du Commonwealth du Christ ». Dans notre pays, de tels mouvements se cachent souvent sous le couvert de la religion. Bryan a dénoncé le président alors en fonction. Il a attaqué notre système judiciaire, y compris la Cour suprême des États-Unis. Il se faisait passer pour un chevalier errant et un croisé qui cherchait à élever les pauvres et à réparer les torts de la nation. Il répétait toutes les bêtises éclatées des démagogues. Et son éloquence, ainsi que son apparente sincérité, en faisaient un candidat des plus dangereux, bien plus dangereux que ne le sont nos adversaires d'aujourd'hui.

La combinaison des démocrates et des anciens républicains en 1896 était plus formidable que si leur vote avait été divisé et que les républicains, populistes et silveristes mécontents avaient présenté une liste distincte. Il aurait été plus facile de vaincre un ennemi divisé. La pluralité et non la majorité dans chaque

État détermine le choix des électeurs présidentiels, même si une majorité des électeurs est nécessaire pour élire un président. La situation était très critique parce que les temps étaient durs, qu'il existait de nombreuses bonnes raisons de mécontentement, que des milliers d'ouvriers dans tous les États étaient au chômage et que les agitateurs et les démagogues trouvaient une réponse immédiate à leurs appels dans le cœur des hommes qui souffraient de la faim.

Pourtant, même dans de telles conditions, la défense du gouvernement constitutionnel et des institutions établies était entre les mains d'un peuple réfléchi, sobre et patriote. Un dégoût total de l'opinion publique s'est produit avant novembre. Le parti démocrate, qui quatre ans auparavant avait remporté le pays avec une majorité de 381 000 et l'État de New York avec une majorité de 45 500, a été battu par le candidat républicain avec une majorité de près de 604 000 dans la nation et plus de 268 000 dans l'État. . McKinley a reçu 271 voix électorales contre 176 pour Bryan. Ce grand succès a été obtenu malgré le fait que dix États occidentaux, normalement républicains, sont devenus démocrates ; en d'autres termes, les candidats républicains ont été triomphalement élus en 1896, bien que le Colorado, le Kansas, l'Idaho, le Montana, le Nebraska, le Nevada, le Dakota du Sud, l'Utah, Washington et le Wyoming aient tous voté pour M. Bryan.

La tâche du parti républicain lors de ces campagnes précédentes était de faire prendre conscience au peuple de l'importance vitale pour lui des enjeux de ces campagnes. De même, notre tâche dans cette campagne est de convaincre les électeurs du pays qu'ils sont à nouveau appelés à préserver le système industriel sur lequel reposent les salaires, les revenus et la propriété de millions de citoyens américains, ainsi qu'à défendre le gouvernement constitutionnel représentatif. sous lequel, pendant plus d'un siècle, nous avons maintenu la liberté politique, religieuse et individuelle et avons prospéré au-delà de toutes les nations.

Au début de cette campagne et jusqu'à récemment, de nombreux Républicains étaient découragés. La menace pour nos institutions et notre avenir que représente le succès possible du parti progressiste et la réélection de l'ex-président Roosevelt semblait aussi grave que l'était la menace du bryanisme en 1896, en 1900 et en 1908. Pour certains, il semblait donc au début, comme si cela pouvait être leur devoir patriotique de voter pour le candidat démocrate. Le patriotisme est toujours plus qu'une fête. Mais ces républicains réalisent désormais la folie de cette démarche et la certitude que le parti républicain maintiendra sa solidarité. Nous voyons clairement que la candidature de M. Roosevelt est vouée à l'échec et que seule la volonté de nuire au parti républicain poursuit la campagne des soi-disant progressistes.

J'ai examiné le dossier publié concernant les sièges contestés à la convention nationale du parti républicain à Chicago, et je me suis efforcé de vérifier tous les faits. Je crois que je l'ai fait. À mon avis, aucune personne impartiale qui prendra la peine de lire les preuves, qui examinera les faits de manière impartiale et cherchera franchement à découvrir la vérité, ne peut douter de l'équité de la procédure ou de la justesse des décisions. La plupart des concours étaient totalement injustifiables, voire frauduleux, et ont dû être abandonnés. En fait, un journal bien connu s'est vanté sans vergogne que la grande majorité des concours avaient été organisés dans le but de créer un effet psychologique, ce qui, je suppose, chez les gens ordinaires, signifierait la création délibérée d'une fausse impression. Je vais vous lire le langage d'un des exemples de la classe des réformateurs trop vertueux pour rester dans le parti républicain et qui prétendent enseigner la morale politique au peuple de ce pays. Le "Washington Times" contient ce qui suit dans son numéro du 9 juin 1912 : "Pour un effet psychologique en tant que mesure politique pratique, il était nécessaire que les gens de Roosevelt lancent des concours sur ces premières sélections de Taft afin qu'un tableau de la force des délégués pourrait être sorti qui montrerait que Roosevelt détient une bonne main. Dans le jeu, une table montrant Taft 150, Roosevelt 19, contesté 1, ne serait pas vraiment calculée pour inspirer confiance, alors qu'une table montrant Taft 23, Roosevelt 19, contesté 127. ", avait l'air très différent. C'est toute l'histoire des nombreux concours sudistes qui ont été lancés au début du jeu. On ne s'attendait jamais à ce qu'ils soient pris très au sérieux. Ils ont servi un objectif utile, et maintenant le comité national décide eux en faveur de Taft dans la plupart des cas sans réelle division. »

Sur les 238 candidatures finalement déposées au nom de l'ex-président Roosevelt, 164 ont été abandonnées. Les concours qui n'ont pas été abandonnés ont été décidés selon leurs mérites. Après avoir étudié les faits, je suis convaincu que les délégués de Taft avaient légalement et moralement droit à leur siège. Malheureusement, le dossier est volumineux et rares sont ceux qui prendront le temps ou la peine de lire les preuves. Le cri de fraude en induit beaucoup en erreur. Mais lorsque des hommes comme le sénateur Root et les présidents des universités de Columbia et de Cornell déclarent leur conviction de l'intégrité de la procédure et des décisions, nous pouvons être satisfaits. Dans son discours informant le président Taft de sa renomination, le sénateur Root a déclaré que ni dans les faits ni dans les arguments présentés devant le comité national, le comité des lettres de créance, la convention elle-même ou autre, ne semblait y avoir de juste motif pour destituer le président Taft. l'honnêteté et la bonne foi des décisions du comité national. Il a en outre déclaré au président Taft que son titre à l'investiture était « aussi clair et irréprochable que le titre de n'importe quel candidat de n'importe quel parti depuis le début des conventions politiques ». La haute personnalité du sénateur Root, ses grands services rendus à la nation et au parti, ainsi que son sens élevé de l'honneur personnel et de la responsabilité, lui permettent de faire accepter sans réserve sa parole et son opinion dans de telles circonstances par la population de l'État de New York.

La préférence de la majorité de la convention nationale étant clairement pour le président Taft, cette majorité aurait-elle néanmoins dû le mettre de côté et nommer M. Roosevelt en raison de menaces de perturbation du parti similaires à celles de 1896, ou parce que dans quelques États ex- Le président Roosevelt avait- il obtenu un vote primaire plus important que le président Taft dans des élections précipitées au cours desquelles de fausses déclarations avaient sans aucun doute égaré de nombreuses personnes ? Quelle ligne de conduite le patriotisme dictait-il à la majorité des délégués ? Auraient-ils dû se rendre et, en raison des clameurs et des menaces de perturbation du parti, mettre de côté leurs propres préférences et instructions concernant le président Taft et nommer M. Roosevelt ? Il y avait des raisons pour lesquelles cette décision aurait été un acte de folie aussi bien qu'une injustice.

En premier lieu, la nomination d'un ancien président des États-Unis pour un troisième mandat aurait été en violation d'une règle non écrite établie par Washington, Jefferson, Madison et Monroe, et suivie depuis lors. Le parti républicain qui, pour des raisons de principe et d'éthique politique, avait refusé en 1880 de nommer l'ex-président Grant pour un troisième mandat, malgré ses prétentions transcendantes à la gratitude de la nation, ne pouvait pas s'abêtir en 1912 en nommant l'ancien président Grant. -Le président Roosevelt pour un troisième mandat.

La sagesse de maintenir cette règle non écrite devrait être évidente. Le bon sens des hommes réfléchis, francs et patriotiques doit les convaincre que rien ne pourrait être plus dangereux que de permettre à un individu, aussi populaire ou éloquent soit-il, d'exercer le pouvoir présidentiel pendant plus de deux mandats. La Convention de New York de 1788, qui a ratifié la Constitution des États-Unis, a proposé un amendement selon lequel « nul ne sera éligible à la charge de président des États-Unis une troisième fois » , et cet amendement a sans doute depuis lors été adopté. le sentiment du peuple de cet État, bien qu'il ait été défié en 1880 lorsqu'on a tenté de forcer la nomination de l'ex-président Grant pour un troisième mandat, malgré le fait que cinq ans seulement avant la convention de l'État républicain avait déclaré dans son "notre opposition inaltérable à l'élection d'un président pour un troisième mandat".

Nous n'avons pas le temps de discuter de la genèse ou de la sagesse de cette règle politique non écrite, qui n'a jamais été violée par aucun parti politique jusqu'à la nomination de l'ex-président Roosevelt par les progressistes. On prétend maintenant qu'il n'y a jamais eu de telle règle ou principe de politique politique et que Washington et Jefferson ont été gouvernés uniquement par des considérations de leur convenance personnelle. Trois citations des écrits de Jefferson devraient suffire à faire exploser cette prétention. Je prends Jefferson parce qu'il est désormais l'un des saints patrons du parti progressiste comme du parti démocrate.

En janvier 1805, peu après sa réélection, Jefferson déclarait ainsi : « Le général Washington a donné l'exemple de la retraite volontaire après huit ans. Je le suivrai. Et quelques précédents encore opposeront l'obstacle de l'habitude à quiconque après " " _ _ De nouveau en 1807, il écrivit à la législature du Vermont : « Je serais à contrecœur la personne qui, sans tenir compte du solide précédent établi par un illustre prédécesseur, devrait fournir le premier exemple de prolongation au-delà du deuxième mandat. » Et quatorze ans après, en 1821, il publia son « Autobiographie », dans laquelle il disait : « L'exemple de quatre présidents se retirant volontairement au bout de leur huitième année, et les progrès de l'opinion publique selon lesquels le principe est salutaire, ont donné cela a en pratique force de précédent et d'usage ; à tel point que, si un président consentait à être candidat à une troisième élection, j'espère qu'il serait rejeté sur cette démonstration de vues ambitieuses. "

Mais au-delà de tout principe et précédent, les promesses délibérément faites par l'ex-président Roosevelt au peuple des États-Unis ont rendu sa candidature impossible sans ce qui semble pour beaucoup un abus de foi. Les faits parlent d'eux mêmes.

Le 8 novembre 1904, le président Roosevelt exprimait au peuple des États-Unis sa gratitude pour son élection et lui faisait appel à son soutien et à sa confiance au cours de son second mandat, ayant sans doute à l'esprit l'exemple du président McKinley en 1901, lorsqu'il avait a déclaré qu'il n'accepterait pas une candidature pour un troisième mandat si elle lui était proposée, et avait souligné qu'il y avait "des questions de la plus haute importance pour l'administration et le pays, et que leur juste considération ne devrait pas être préjugée dans l'esprit public" . même par la suspicion de l'idée d'un troisième mandat." Le langage du président Roosevelt en 1904 était le suivant : « Le 4 mars prochain, j'aurai servi trois ans et demi, et ces trois ans et demi constituent mon premier mandat. La sage coutume qui limite le président à deux mandats " Ce qui concerne le fond et non la forme. En aucun cas, je ne serai candidat ni n'accepterai une autre candidature. " En décembre 1907, il réitéra cette déclaration et ajouta les mots suivants : « Je n'ai pas changé et je ne changerai pas la décision ainsi annoncée. Pourtant, le 24 février 1912, il remet à la presse une lettre dans laquelle il dit : « J'accepterai la nomination à la présidence si elle me est proposée, et je m'en tiendrai à cette décision jusqu'à ce que la convention ait exprimé sa préférence.

L'homme d'État qui avait ainsi promis sa parole ne pouvait rompre sa promesse envers le peuple sans sacrifier la bonne opinion de nombreux citoyens. Et si la Convention nationale républicaine s'était jointe à l'ex-président Roosevelt pour rejeter ces promesses solennelles, elle se serait aliéné un grand nombre d'électeurs qui ont encore du respect pour les noms et les exemples de Washington, Jefferson, Madison et Monroe, et qui continuent à le faire. croire à la cohérence politique et à la moralité, et cela aurait mis le parti sur la défensive tout au long de la campagne sur une question de morale pure et simple. De plus, le parti républicain ne pouvait pas se permettre – en fait, cela aurait été sans espoir – de demander le soutien continu du pays à de telles conditions.

Une autre raison pour laquelle la majorité à la Convention de Chicago n'aurait pas dû écarter le président Taft et nommer l'ancien président Roosevelt était que cela aurait été un acte de trahison politique, d'ingratitude et de déshonneur. Le président Taft avait mérité et mérité sa renommée pour ses grands et fidèles services rendus à la nation et au parti. La coutume généralement suivie était de nommer à nouveau un président qui avait bien servi et compétent. Les républicains de New York avaient proclamé à l'unanimité dans leur programme de 1910, alors que l'ancien président Roosevelt lui-même contrôlait la convention de l'État et dictait sa politique : « Nous soutenons avec enthousiasme le leadership progressiste et politique de William Howard Taft et déclarons notre fierté dans les réalisations de ses dix-huit premiers mois en tant que président des États-Unis. Chaque mois successif depuis son investiture a confirmé la nation dans sa haute estime de sa grandeur de caractère, de sa capacité intellectuelle, de son bon sens, de sa patience et de sa persévérance extraordinaires, de sa compréhension large et digne d'un homme d'État du public. questions et un respect sans faille et inébranlable du devoir. Et rien ne s'était produit au cours des mois écoulés entre cette convention d'État et la convention nationale pour ébranler cette haute et juste estime du caractère et de la capacité du président Taft. Il avait consenti à se présenter alors qu'il pensait pouvoir compter sur la loyauté de M. Roosevelt en tant qu'ami, et un retrait ultérieur aurait été une humiliation personnelle.

En termes de réalisations pratiques, l'administration du président Taft a été remarquablement réussie et efficace, même si elle n'a rien de spectaculaire. On peut affirmer avec certitude que les lois adoptées par le Congrès n'ont jamais été appliquées de manière plus efficace, honnête et impartiale que sous le président Taft. Sans troubles ni agitation, et sans menacer le Congrès, il avait accompli plus en trois ans et demi que son prédécesseur immédiat en sept ans et demi. Il avait fait preuve d'une politique cohérente de véritable progressisme et d'un sens politique constructif. Dans toutes les branches du gouvernement , il avait confirmé le panégyrique du président Roosevelt de 1908, lorsqu'il avait exhorté le peuple américain à élire M. Taft en raison de ses qualifications prééminentes pour le poste de président des États-Unis.

Il est peut-être vrai qu'après dix-huit ans de dévouement désintéressé et de services remarquablement efficaces et fidèles au public américain, en tant que solliciteur général, juge de circuit des États-Unis, gouverneur des Philippines, secrétaire à la guerre et président des États-Unis, M. Taft avait n'a pas réussi à s'assurer une popularité auprès des irréfléchis, des mécontents et des révolutionnaires, et auprès de cette partie de la presse qui vit du sensationnalisme et du ratissage. Mais une telle popularité ne devrait guère être un critère de qualification pour la grande fonction de président des États-Unis. Nous savons que Lincoln était si impopulaire auprès des irréfléchis et des impatients en 1864 qu'il désespérait d'être réélu et qu'il s'attendait à une défaite électorale à moins que l'armée ne parvienne à sauver la situation et à changer l'opinion publique par des succès éclatants.

La popularité auprès des irraisonnés et des mécontents était facilement à la portée du président Taft s'il l'avait recherché. Compte tenu du prestige de sa haute fonction et du respect qu'elle inspire, il n'avait qu'à pratiquer les arts bien connus du démagogue, par lesquels les foules excitent et égarent, et qu'il connaît aussi bien que tous ceux qui lisent l'histoire. Il lui suffisait de faire de temps en temps des déclarations ronflantes sur son patriotisme inébranlable, sa propre vertu, sa véracité sans compromis, sa loyauté envers son devoir, l'infaillibilité de son jugement, la pureté de ses motivations et la corruption et la corruption. mensonge de ses adversaires. Il lui suffisait de s'en prendre aux entreprises, aux bâtisseurs de l'industrie du pays, aux banquiers et aux capitalistes, pour s'attirer les applaudissements de l'envie et du mécontentement. Il lui suffisait de s'élever contre la richesse prédatrice pour devenir aussitôt l'idole de la pauvreté prédatrice. Mais son amour-propre ne lui permettrait pas de s'abaisser si bas et de se plier à ce qu'il y a de plus faible, sinon de plus bas, dans la nature humaine, et son sens du devoir ne lui permettrait pas de dégrader ainsi la grande fonction de président des États-Unis. .

L'ingratitude des républiques est proverbiale ; Pourtant, cela aurait sûrement été un acte d'ingratitude sans précédent de la part du propre parti du président Taft que de lui refuser la renomination qu'il avait méritée. La leçon que la répudiation du président Taft par son propre parti aurait enseignée au pays et aux générations futures aurait été démoralisante. Cela aurait constitué un avertissement à tous nos fonctionnaires publics présents et futurs que, chez nous, Américains, un service public visiblement efficace et fidèle ne sert à rien, et que les fonctionnaires républicains , du président des États-Unis jusqu'au plus bas niveau, ne doivent pas s'attendre à être jugés sur leurs actes, leurs capacités et leur caractère, mais aussi sur la façon dont ils ont réussi à cultiver les applaudissements des irréfléchis.

Toutefois, les grandes questions dont sont confrontés les citoyens dans la campagne critique actuelle sont bien plus importantes que les qualifications personnelles, les prétentions ou les mérites des candidats. Ces questions sont : (1) le droit constitutionnel et le pouvoir du Congrès de protéger les industries américaines et de préserver notre système industriel actuel ; (2) la menace de renversement du système représentatif de gouvernement dans l'État et la nation par l'introduction de l'initiative, du référendum et de la révocation, et (3) l'attaque contre l'administration de la justice dans les tribunaux américains.

Sur la question tarifaire, il existe une différence irréconciliable entre les principes du parti républicain et ceux du parti démocrate. L'un insiste sur le fait que le Congrès a pour devoir et fonction légitimes de prélever des impôts pour protéger les industries et les salaires américains, tandis que l'autre insiste sur le fait que le Congrès n'a ni le droit ni le pouvoir de le faire en vertu de la Constitution fédérale. Je suppose que les programmes politiques, même s'ils ne constituent pas des programmes contraignants , sont certainement destinés à incarner une déclaration de la foi et des principes politiques auxquels croient les candidats respectifs et qu'ils entendent représenter. Si ce n'est pas le cas, pourquoi les plateformes sont-elles adoptées ?

La plate-forme du parti républicain engage sans réserve le parti et ses candidats à un tarif protecteur avec des droits de douane ajustés de manière à protéger les industries et les salaires américains. Il admet que des réajustements doivent être effectués et que les taux excessifs doivent être réduits, mais il insiste sur le fait que, pour le faire de manière intelligente et équitable, une information correcte est indispensable. Il est favorable à ce que ces informations soient obtenues par une commission d'experts et une commission tarifaire non partisane. Il cherche à retirer les droits de douane de la politique afin que chaque industrie puisse être traitée selon ses mérites par des commissions non partisanes. Il accuse le parti démocrate de son refus de fournir des fonds pour le maintien d'un tel comité tarifaire et des projets de loi tarifaires imprudents et sectoriels adoptés par la Chambre des représentants démocrate qui ignorent totalement la protection des intérêts américains.

Le sénateur Root a déclaré lors de la convention nationale que le parti démocrate ne voulait pas vérifier les faits sur lesquels une juste mesure de protection pourrait être élaborée, mais qu'il entendait qu'il n'y ait aucune protection pour les industries américaines, et il a en outre déclaré que la Chambre des représentants démocrate Il avait élaboré et adopté une série de projets de loi tarifaires pour générer des revenus, avec une totale indifférence quant à la destruction absolue que leur promulgation entraînerait pour les grandes industries américaines. Il affirmait que « le peuple américain doit désormais renoncer, non pas aux abus liés aux droits de douane, mais à la question fondamentale entre les deux systèmes de tarification ».

Ce défi, le parti démocrate l'a relevé et y a répondu dans le premier et cardinal point adopté par sa convention nationale à Baltimore, qui engageait le parti et ses candidats à atteindre finalement les principes du libre-échange, en raison de l'absence de pouvoir au Congrès de Baltimore. les États-Unis pour protéger la main-d'œuvre américaine et les industries américaines. La planche se lit comme suit : « Nous déclarons que le principe fondamental du parti démocrate est que le gouvernement fédéral, en vertu de la Constitution, n'a aucun droit ni pouvoir d'imposer ou de percevoir des droits de douane, sauf à des fins de revenus. » Et il ne fait aucun doute que cette déclaration était censée non seulement représenter la politique de libre-échange actuelle du parti démocrate, mais aussi être en plein accord avec les vues personnelles du gouverneur Wilson en tant que libre-échangiste pur et simple.

Le parti démocrate demande donc maintenant au peuple des États-Unis de voter en faveur de la proposition selon laquelle, quelle que soit la concurrence étrangère, même asiatique , le gouvernement national américain n'a ni le *droit* ni le *pouvoir* de protéger une seule industrie ou un seul ouvrier. Une telle proposition pourrait bien surprendre et ravir les pays étrangers, et il n'est pas étonnant qu'ils souhaitent tous le succès du parti démocrate. Tous les autres gouvernements nationaux ont non seulement le pouvoir de protéger leurs industries, mais ils ont exercé ce pouvoir à maintes reprises chaque fois que les intérêts de leur peuple exigeaient une protection. Ce pouvoir, sous une forme ou une autre, est exercé aujourd'hui contre les produits américains par presque tous les gouvernements du monde, y compris les colonies d'Angleterre, comme en témoigne le Canada. Ce pouvoir serait de nouveau exercé par l'Angleterre demain, si cela semblait être dans son intérêt. Pourtant, peu importe que nos usines soient fermées et nos salariés mis au chômage comme en 1894, 1895 et 1896, peu importe avec quelle facilité l'Europe et l'Asie pourraient faire de notre pays leur dépotoir et devenir une proie de nos produits de première nécessité. après avoir fermé nos ateliers et détruit nos industries, si bénéfique à toutes les classes qu'il puisse être d'avoir une diversité d'industries, le parti démocrate proclame néanmoins que notre gouvernement national est impuissant et qu'il n'y a ni le droit ni *le* pouvoir . d'édicter un tarif sauf pour les recettes.

Nous, Républicains, croyons fermement que s'il existe une caractéristique ou un élément de droit et de pouvoir dans l'esprit et la portée de la Constitution des États-Unis et clairement dévolu au Congrès, c'est bien le droit et le pouvoir d'imposer des devoirs dans le but de protéger les États-Unis. industries et du travail américain. La toute première loi tarifaire, approuvée le 4 juillet 1789, il y a cent vingt-trois ans, déclarait que l'un de ses buts, un de ses objets, un de ses motifs inducteurs, était « l'encouragement et la protection des manufactures ». Washington a approuvé et signé ce projet de loi. Les présidents Washington, Jefferson, Madison et Monroe – tous issus de la génération qui a rédigé la Constitution fédérale – ont reconnu l'existence du pouvoir de protection et ont recommandé la protection des industries américaines. Mais on demande maintenant au peuple américain, en 1912, de voter pour un parti et un programme qui répudient à la fois le *droit* et le *pouvoir* du Congrès de protéger les ouvriers, les agriculteurs et les fabricants américains.

Il est impossible, dans cet exposé des questions, de discuter de manière adéquate des principes et de la politique d'un tarif protecteur. Les détails de ce sujet important et vital doivent être repris et analysés à d'autres moments. Les généralisations seraient de peu de valeur. Les faits sont à portée de main et ils démontrent que le bien-être matériel du pays et de presque toutes les classes et sections a été favorisé par la politique protectrice, et qu'il continuera à l'être. Même si nous sommes désormais disposés à affronter la libre concurrence avec les Européens, nous ne pouvons pas ignorer la menace et le danger de la libre concurrence avec les Asiatiques . Juste de l'autre côté de l' océan Pacifique , avec des tarifs de fret et de passagers en baisse constante, se trouvent 50 000 000 d'habitants au Japon, 450 000 000 en Chine, 300 000 000 en Inde - 800 000 000 - qui fourniront une main-d'œuvre efficace à des salaires allant de 10 à 30 cents par jour pendant douze heures. travaillent sur le même type de machines sur lesquelles travaillent actuellement les hommes et les femmes américains. Devons-nous ouvrir les vannes ? Allons-nous élire comme président l'historien qui, il y a quelques années encore, dans l'atmosphère calme et impartiale de son bureau, déclarait au monde sa sympathie pour les Asiatiques nécessiteux et son opinion selon laquelle « les Chinois étaient plus désirables, comme ouvriers sinon en tant que citoyens, que la plupart des équipages grossiers qui se pressaient chaque année dans les ports de l'Est" ?

Cette génération a eu une expérience amère de la législation tarifaire démocrate. En 1892, le parti démocrate fut, pour la première fois en trente-deux ans, placé aux commandes des deux chambres du Congrès et de la présidence. Il est arrivé au pouvoir en s'engageant en faveur du libre-échange, comme il reviendrait désormais au pouvoir en s'engageant en faveur du libre-échange. Elle vota le projet de loi Wilson en août 1894 et fit ainsi un premier pas vers l'abandon de la politique de protection des industries américaines. Il s'ensuivit, principalement en conséquence directe de cette législation tarifaire démocratique et de la menace qui l'avait précédée, une période aiguë de dépression industrielle et financière. J'avais supposé que les années fatidiques de 1894, 1895 et 1896 ne seraient jamais oubliées par ceux qui en ont souffert. Comme le dit si bien le gouverneur Wilson lui-même dans son « Histoire du peuple américain », en décrivant cette période de misère : « Les hommes les plus pauvres étaient partout oisifs et remplis d'une sorte de désespoir. Toutes les grandes villes et les villes manufacturières regorgeaient de des ouvriers au chômage qui étaient avec les plus grandes difficultés préservés de la famine grâce aux efforts systématiques de la charité organisée. C'était aussi une époque de troubles sociaux et de mécontentement sans précédent et de « l'Armée du Commonwealth du Christ » de Coxey réclamant de la nourriture et du travail. C'était une période de misère et de dépression, de mécontentement populaire et de troubles, de grèves, d'émeutes, de destructions de propriétés, de meurtres et de mutilations lors de conflits du travail. Personne ne pouvait nier, comme le soulignait l'historien, que le pays était tombé dans des temps difficiles et que les ouvriers américains avaient plus de mal que jamais à vivre.

Il suffit de rappeler à l'esprit du peuple les conditions de chômage, de pauvreté et de misère qui ont suivi la dernière législation tarifaire du parti démocrate, et de comparer les conditions telles qu'elles existent aujourd'hui. Les citoyens de ce pays commettront une erreur terrible et une erreur épouvantable s'ils votent maintenant pour courir le risque de revivre ces jours-là, avec l'illusion que le système monétaire du gouvernement était la cause de la dépression et de la misère des entreprises qui ont immédiatement suivi. lors de l'élection de Cleveland en 1892 et de l'adoption de la loi tarifaire Wilson en 1894.

Nombreux sont ceux qui disent désormais à la population que les tarifs douaniers sont seuls responsables du coût élevé de la vie et de la prévalence des troubles et du mécontentement social. De tels phénomènes sont mondiaux et existent à l'étranger autant, sinon plus, qu'ils existent ici. En Angleterre, où il n'existe pas de droits de douane protecteurs, les plaintes contre la cherté de la vie ont été encore plus fortes qu'ici. Les véritables causes de l' augmentation du coût de la vie chez nous sont sans aucun doute : (1) une énorme augmentation de l'offre mondiale d'or, diminuant nécessairement la valeur d'achat du dollar, pour la production mondiale d'or, qui de 1850 à 1890 s'élevait en moyenne à 120 000 000 $. par an et était de 130 650 000 $ en 1891, augmenté à 461 000 000 $ en 1911, (2) augmentation rapide de la population sans augmentation correspondante de la production de nourriture et d'autres produits de première nécessité, (3) afflux vers la ville et abandon de la ferme, (4) appréciation de la valeur des terres, (5) augmentation du prix des matières premières, (6) hausse des taux de salaires et diminution du nombre d'heures de travail, (7) meilleur niveau de vie, (8) épuisement de certaines sources de l'offre, (9) l'extravagance des dépenses publiques et (10) le retrait des armées de fonctionnaires de l'industrie productive. Ce sont là les causes principales et déterminantes de l'augmentation du coût de la vie ; elles sont mondiales et, si elles sont expliquées, elles seront facilement comprises et reconnues par les hommes d'affaires et les ouvriers intelligents et honnêtes, qui comprendront immédiatement que ces causes ne seront en aucune manière supprimées par la législation sur le libre-échange. L'année dernière, de graves perturbations se sont produites en Europe en raison du coût élevé des denrées alimentaires, et le Board of Trade britannique mène actuellement une enquête sur le coût de la vie, non seulement en Angleterre, mais aussi en Allemagne, en France et en Belgique. En fait, une commission internationale enquête actuellement sur ces causes. Comme il serait absurde de dire que les droits de douane protecteurs américains étaient la cause du coût de la vie élevé dans l'Angleterre de libre-échange ou ailleurs en Europe !

Les droits de douane protecteurs ne sont en aucun cas responsables de l'esprit d'agitation et de mécontentement social, sauf peut-être dans la mesure où la prospérité engendre le mécontentement et multiplie les appétits. Ces dernières années, dans tout le monde civilisé, s'est développé un esprit d'agitation sociale et de mécontentement, de mépris de la loi et de manque de respect pour les principes moraux et les croyances religieuses. Pour ceux qui regardent sous la surface, il est de plus en plus évident que ce symptôme mondial est dû, dans une large mesure, à la propagation du socialisme. Selon les enseignements des socialistes, avoués ou non (car beaucoup de ceux qui prêchent leurs doctrines seraient réticents à être appelés socialistes), notre système social tout entier et le système de lois sous lequel nous vivons sont injustes et devraient être bouleversés, les droits de propriété devraient être détruites et les croyances religieuses, qui sont la principale source de notre respect de l'ordre public et du droit de propriété, devraient être détruites. Comme l'a dit un étudiant et écrivain américain, un seul passage de Liebknecht représente fidèlement les opinions qui peuvent être citées auprès de vingt sources socialistes faisant autorité en Europe. Ce passage est le suivant : « Il est de notre devoir, en tant que socialistes, d'extirper la foi en Dieu de tout notre zèle, et nul n'est digne de ce nom s'il ne se consacre à la propagation de l'athéisme. » Je crois que peu de socialistes américains sont allés à de tels extrêmes, mais telle a certainement été la tendance et l'enseignement du socialisme en Europe.

Malheureusement, l'atmosphère de la campagne actuelle est calculée pour obscurcir et cacher les véritables enjeux de la controverse et le danger réel qui se cache sous tant de bruit, de déclamation et d'enthousiasme. Une attaque avouée et une déclaration ouverte de guerre contre la société, contre notre forme de gouvernement ou contre nos tribunaux, mettraient les choses si clairement devant le peuple américain qu'aucun d'entre nous ne pourrait douter un seul instant de l'issue. Nous, Républicains, saluerions et accueillerions favorablement une attaque ouverte, car nous savons que le peuple se rallierait alors rapidement et massivement au soutien de notre parti. Plus le gouvernement constitutionnel et notre système social seront attaqués

ouvertement, plus ils seront solidement ancrés dans l'affection et le respect
du peuple.

La plupart de nos institutions politiques et sociales, qui sont aujourd'hui
accusées d'être archaïques, sont fondées sur des vérités qui devraient toujours
aller de soi. Ces vérités semblent banales, mais « les vérités banales sont
souvent les vérités les plus précieuses, bien que parfois dépourvues de force
par leur banalité même ». On entend constamment dire que les principes de
la Constitution sont désuets aux yeux de ces iconoclastes modernes, et l'autre
jour, un leader progressiste de cet État, qui est lui-même avocat, se référant
aux nominations judiciaires progressistes, s'est vanté d'avoir des hommes
sélectionnés qui ne croyaient pas à une « constitution morte ». Pourtant, ces
candidats sont prêts à accepter une fonction judiciaire qu'ils ne pourraient
pas occuper un seul instant sans prêter serment de soutenir la Constitution à
laquelle ils ne croient pas.

Lorsqu'une vérité, qu'elle soit politique, morale ou religieuse, est une fois
découverte et établie, elle est éternelle ; il ne perd rien de sa vitalité parce qu'il
a vieilli ; il ne meurt jamais. Si certains progressistes religieux – et nos
progressistes politiques affectent une grande partie des religieux – devaient
maintenant prêcher une nouvelle religion et proclamer que les religions
existantes et leurs contraintes devraient être mises de côté simplement parce
qu'elles sont vieilles, l'homme le plus stupide comprendrait facilement
l'erreur totale et la méchanceté d'un tel argument. Imaginez quelqu'un
prétendant sérieusement que les Dix Commandements sont sans valeur et
morts en tant que règles de conduite humaine et de maîtrise de soi parce
qu'ils datent de quatre mille ans et ont été énoncés pour la première fois à
une époque pas aussi rapide que la nôtre - à une époque où il n'y avait pas
d'existence. presses à imprimer, pas de machines à vapeur, pas d'électricité et
pas de machines parlantes ! Pourtant, aussi longtemps que durera notre
civilisation, aussi longtemps que durera l'intelligence humaine, aussi
longtemps que la religion continuera à réconforter, à soutenir et à élever les
hommes et les femmes, aussi longtemps que les Dix Commandements seront
des règles de conduite saines et vraies et la base fondamentale de toute vie.
toutes les religions. De même, quant aux grands documents politiques qui
témoignent du progrès de la race humaine vers la liberté, comme la Magna
Carta, la Déclaration des Droits, la Déclaration d'Indépendance, la
Constitution des États-Unis : ils incarnent et déclarent des principes de
justice politique et des vérités fondamentales. qui sont éternels; et bien que
les majorités puissent parfois, par ignorance et imprudence, les ignorer ou les
mettre de côté pour des objets temporaires, ils sont aussi éternels et
impérissables que le sont les Dix Commandements.

Parmi les nombreux projets révolutionnaires du programme progressiste,
tant au niveau national qu'au niveau de l'État, l'un des plus dangereux et des

plus ambitieux est la proposition visant à détruire le caractère représentatif de notre gouvernement en substituant l'action directe du peuple à l'action des législatures et des officiers. élu par le peuple. Cela doit être accompli grâce à l'initiative et au référendum. Le mouvement est doublement important à l'heure actuelle car, comme chacun le sait, le candidat démocrate à la présidence, après avoir enseigné le contraire pendant de nombreuses années, s'est récemment converti à ces idées. Bien qu'un tel projet puisse être bénéfique ou inoffensif dans les petites assemblées municipales de la Nouvelle-Angleterre, dans les petites municipalités ou dans les États agricoles ayant une population homogène moins nombreuse que certains comtés de l'État de New York, l'initiative et le référendum serait totalement inadapté à un empire comme le nôtre avec une population de près de 100 000 000 d'habitants, ou à un État comme New York avec une population de près de 10 000 000 d'habitants. Ne serait-il pas absurde et absurde de voir les milliers de projets de loi présentés chaque année au Congrès être adoptés par le peuple dans son ensemble, et ne serait-il pas tout aussi absurde et absurde qu'un État comme New York, qui adopte des centaines de projets de loi chaque année, donne à une petite minorité le droit d'imposer la soumission de toute loi au vote du peuple ? Ne serait-il pas presque calamiteux que les moins qualifiés, capables de comprendre et d'apprécier les changements qu'ils apportaient, transmettent et contrôlent la législation ? Le résultat serait le chaos.

Les grands hommes qui ont fondé notre système de gouvernement constitutionnel connaissaient parfaitement la théorie et le fonctionnement de la démocratie pure ou de l'action directe du peuple, par opposition au gouvernement représentatif. Ils ont vu les échecs passés de la démocratie pure et le danger d'un tel système, et ont délibérément refusé de l'adopter. En parlant de « l'égalité des droits de l'homme », Jefferson a déclaré que « les temps modernes ont aussi l'avantage insigne d'avoir découvert le seul moyen par lequel ces droits peuvent être garantis, à savoir le gouvernement par le peuple, agissant non pas de manière arbitraire » . personne, mais par des représentants choisis par eux-mêmes."

La pure vérité est que le problème avec nos législatures et avec le Congrès réside dans le caractère de nombreux hommes élus par le peuple. Le remède est entre les mains des électeurs. S'ils élisent des hommes capables et honnêtes aux fonctions législatives, exécutives et judiciaires, nous aurons un remède immédiat. Nous avons besoin d'un remède, pas d'un poison.

Ceux qui préconisent l'introduction de l'initiative, du référendum et de la révocation fondent leur argument sur le fait que certains de nos législateurs et de nos fonctionnaires élus sont incompétents ou malhonnêtes et que, par conséquent, le peuple devrait se réserver le droit de contrôler ses actions et de destituer eux. Mais si nos législateurs ou autres fonctionnaires élus sont incompétents ou malhonnêtes – s'ils ne sont pas véritablement représentatifs du peuple qui les élisent – alors évidemment la faute en incombe à ceux qui les choisissent, et le remède est de prendre des mesures qui garantiront le déroulement des élections. d'hommes compétents, honnêtes et représentatifs. Si les gens sont maintenant trop occupés pour se préoccuper de la sélection de représentants honnêtes et compétents, est-il raisonnable de s'attendre à ce qu'ils se préoccupent des mérites de centaines de lois qu'ils ne comprennent pas à moitié, ou des qualifications des officiers ? ils ont élu et se rappelleraient ? La faute n'en revient pas à notre système de gouvernement représentatif, mais soit aux organisations de partis qui nomment souvent des hommes incompétents ou malhonnêtes, soit aux électeurs qui tolèrent de telles nominations et élisent de tels candidats. Notre système de gouvernement, comme tout système de gouvernement libre, repose sur l'hypothèse que le peuple exercera consciencieusement son droit de vote électif et, à moins que nous puissions compter sur une majorité honnête, sobre et patriotique pour exercer ce droit de vote, notre système de Le gouvernement doit finalement prouver un échec complet. L'exercice consciencieux du droit de vote électif n'est pas simplement un privilège : c'est le devoir le plus élevé du citoyen. Avec la forte augmentation de la population, les partis politiques et les organisations de partis sont sans aucun doute devenus une nécessité pratique, et le leadership est également nécessaire ; mais il est également devenu indispensable que ces organisations de parti soient conduites honnêtement de manière à représenter fidèlement les souhaits de leurs électeurs. Le devoir urgent du citoyen est de veiller à ce que ces organisations de partis soient dirigées de manière honnête et représentative ; mais cela ne se fera pas en perturbant ou en détruisant les grands partis. Au lieu de démolir le temple, nous devrions chasser les changeurs. Au lieu de tuer, nous devrions guérir. Ce dont nous avons besoin de toute urgence, c'est d'une législation prévoyant des primaires équitables et honnêtes pour les partis et facilitant les candidatures indépendantes. Nous devrions ensuite aller plus loin et imposer une pénalité ou une taxe à tous les citoyens qualifiés qui ne se rendent pas aux urnes aux primaires et élections annuelles prescrites par la loi.

L'initiative, le référendum et la révocation ne guériraient pas les maux actuels, mais ne feraient en fait que les intensifier et les perpétuer. Le pouvoir et le contrôle des appareils du parti non représentatifs et irresponsables seraient largement accrus au lieu d'être réduits. Des hommes meilleurs ne seraient pas nommés et élus, bien au contraire ; seuls les chercheurs d'égoïsme, publicitaires et manipulateurs seraient nommés. L'exercice de l'initiative, du référendum et de la révocation serait déterminé exactement par les mêmes personnes qui contrôlent désormais nos nominations et nos élections. Il est absurde de supposer que ceux-là mêmes qui choisissent si souvent des représentants incapables ou malhonnêtes, ou qui négligent de voter, feraient preuve d'une plus grande efficacité dans le contrôle de la législation, dans la révocation des fonctionnaires et des juges, ou dans l'annulation des décisions judiciaires.

L'idée d'une législation votée par le peuple est tout aussi absurde. L'importance de rédiger les lois et les amendements constitutionnels dans un langage clair et exact et l'impossibilité de le faire sans un examen, une discussion et une comparaison minutieuses avec les dispositions existantes, comme dans les commissions législatives, doivent être reconnues par tous les hommes réfléchis. Notre système juridique devient chaque année de plus en plus complexe, et cela est inévitable. On ne peut pas s'attendre à ce que le grand public connaisse et comprenne un système de lois vaste et extrêmement complexe, et dire qu'il ne peut pas plus saisir les détails de la législation ne revient pas à dire qu'il y a peu d'hommes. dans la communauté compétente pour administrer en tant que juges le système de lois inévitablement complexe sous lequel nous vivons.

Il suffit de regarder l'expérience récente de l'État de New York en matière d'adoption d'amendements constitutionnels, la fonction la plus importante que puisse exercer un électeur, pour comprendre la folie des remèdes proposés. Le total des voix pour et contre ces amendements a souvent été inférieur à la moitié – et parfois à peine au quart – de ceux qui ont effectivement voté aux élections générales. Ainsi, si l'on prend trois expériences récentes : le total des voix exprimées en 1909 sur un amendement constitutionnel important n'était que de 477.105 contre un total de 1.638.350 voix l'année précédente ; le total des voix en 1910 sur un autre amendement constitutionnel important était de 664 892 contre 1 445 249 voix pour les candidats au poste de gouverneur , et sept amendements soumis en 1911 furent rejetés avec un total moyen de voix de 621 678. Des expériences similaires et encore plus frappantes seront constatées dans d'autres États. Est-il probable que le public exprimerait sa compréhension de manière plus complète, plus représentative et plus intelligente à l'égard de textes législatifs complexes, ou en ce qui concerne la révocation de juges ou d'autres agents publics, ou de décisions judiciaires, que ce que nous trouvons aujourd'hui dans le cas de des amendements constitutionnels importants ?

Rendre les juges révocables serait totalement destructeur du caractère et de l'indépendance de notre pouvoir judiciaire. Aucun avocat qui se respecte ne siégerait dans de telles conditions. Un juge honnête doit sans crainte déclarer et appliquer la loi, sans tenir compte de l'agitation populaire ou des pressions politiques. Il est fréquemment appelé à trancher entre l'individu d'un côté et une majorité bruyante de l'autre côté dans une affaire dont il est saisi. Prenons par exemple notre situation à New York, où Tammany Hall contrôle la majorité des électeurs de la ville. La législature, sous la dictée de M. Murphy, adopte une autre loi électorale infâme de Levy, ouvertement destinée à empêcher les nominations indépendantes, même pour les juges. Les juges déclarent l'acte inconstitutionnel et protègent la minorité dans ses droits, tout comme nous les avons vu protéger les progressistes il y a quelques semaines. Cependant, selon M. Roosevelt et M. Straus, Tammany Hall devrait avoir le pouvoir de punir ces juges en les révoquant et devrait avoir le droit d'adopter une législation aussi honteuse et tyrannique en recourant à l'initiative et au référendum ! En effet, il est impossible de concevoir un projet plus sûrement propre à détruire tous nos droits constitutionnels, ainsi que toute certitude juridique. Le juge en chef Marshall aurait été rappelé à plusieurs reprises pour des décisions impopulaires qui sont désormais universellement applaudies, même par les progressistes. Imaginez le spectacle de rappeler un Cullen ou un Gray parce qu'il avait osé se prononcer contre les clameurs ou les souhaits d'une majorité contrôlée par Tammany Hall !

Je n'ai vu nulle part une expression plus forte des objections à la révocation des juges que dans l'ouvrage de John Stuart Mill sur le « Gouvernement représentatif », publié en 1861, où il disait : « Si un juge pouvait être démis de ses fonctions par un vote populaire, quel que soit celui qui désireux de le supplanter, ferait à cet effet un capital de toutes ses décisions judiciaires, les porterait toutes, autant qu'il le jugerait possible, par un appel irrégulier devant une opinion publique totalement incompétente, faute d'avoir entendu l'affaire, ou de l'avoir entendu sans les précautions ni l'impartialité propres à une audience judiciaire, ils joueraient sur les passions et les préjugés populaires là où ils existaient, et prendraient soin de les exciter là où ils n'existaient pas. Et en cela, si l'affaire était intéressante, et s'il prenait suffisamment de peine, il réussirait infailliblement, à moins que le juge ou ses amis ne descendent dans l'arène et ne lancent des appels tout aussi puissants de l'autre côté. Les juges finiraient par avoir le sentiment qu'ils risquaient leur charge pour chaque décision qu'ils rendaient dans une affaire . susceptible d'intérêt général, et qu'il était moins essentiel pour eux de considérer quelle décision était juste, que ce qui serait le plus applaudi par le public, ou permettrait le moins de fausses déclarations insidieuses.

Aucun projet plus grossier, impraticable ou absurde n'a probablement jamais été proposé par quiconque prétend avoir les idées premières et élémentaires du gouvernement constitutionnel américain que la proposition de rendre sujettes au rappel ou à l'annulation par un vote majoritaire toutes les décisions dans les affaires constitutionnelles affectant les lois adoptées. sous le pouvoir de la police. Le terme « pouvoir de police » est le terme le plus complet qui aurait pu être employé. La plupart de nos droits individuels sont couverts par ce terme ; et lorsque les progressistes disent qu'une loi adoptée sous le pouvoir de la police sera valide et exécutoire, même si les tribunaux peuvent la déclarer arbitraire, injuste et inégale et donc inconstitutionnelle, si une majorité temporaire juge opportun de renverser les tribunaux, ils proposent que pratiquement tous nos droits individuels les plus vitaux et les plus précieux – notre liberté personnelle et religieuse – seront en fin de compte à la merci de toute majorité temporaire. En dernière analyse, la proposition de rappel des décisions judiciaires signifierait que la majorité devrait agir comme arbitre dans tout différend entre elle et la minorité.

La haine des tribunaux que les progressistes partagent maintenant en commun avec les socialistes, les anarchistes et les populistes, et cette partie du travail organisé et des syndicats caractérisés et représentés par des hommes tels que les McNamara , les Debs et les Park (qui en vérité dénaturent honteusement la grande majorité des membres respectueux des lois et patriotes de ces organisations), a forcé à lancer cette campagne une attaque sans précédent contre notre système judiciaire et l'administration de la justice.

Lorsque la plate-forme progressiste de l'État de New York a été présentée pour la première fois à la presse le 3 septembre, la partie judiciaire se lisait comme suit : « Nous soutenons chaleureusement les déclarations de notre plate-forme nationale concernant le pouvoir judiciaire et sommes favorables à leur incorporation dans la loi organique de l'État. condamner l'attitude passée de la Cour d'appel de New York à l'égard de diverses mesures importantes et humaines de législation sociale.

L'indécence sans précédent de cette attaque contre la Cour d'appel a immédiatement provoqué une telle tempête d'indignation dans tout l'État que la clause semble avoir été modifiée plus tard de manière à éliminer cette peine. La forme finale donnée au public omet cette dénonciation du plus haut tribunal de notre état, et confine la planche aux propositions de la plate-forme nationale. J'ai le temps maintenant de discuter seulement de deux de ces planches.

Les progressistes déclarent dans leur programme extraordinaire et révolutionnaire : « Nous pensons que l'émission d'injonctions dans les cas découlant de conflits du travail devrait être interdite, alors que de telles injonctions ne s'appliqueraient pas en l'absence de conflits du travail. Cela doit être comparé sensiblement à la même déclaration du programme Bryan de 1908, dans laquelle le parti démocrate déclarait : « Nous estimons... que des injonctions ne devraient en aucun cas être émises dans lesquelles des injonctions ne seraient pas émises s'il n'y avait pas de conflit du travail. ".

Il doit paraître incroyable que l'homme cultivé et talentueux qui se présente aujourd'hui sur la plate-forme progressiste pour solliciter les votes du peuple soit le président des États-Unis qui, dans un message officiel au Congrès le 31 janvier 1908, au sujet des injonctions en matière de travail différends, a utilisé le langage suivant : « Même si cela était possible, je considérerais qu'il serait très imprudent d'abolir le recours à la procédure d'injonction. Cela est nécessaire pour que les tribunaux puissent maintenir leur propre dignité et pour qu'ils puissent d' une manière efficace, réprimer le désordre et la violence. Le juge qui l'utilise avec prudence et prudence, mais qui, lorsque le besoin s'en fait sentir, l'utilise sans crainte, rend le plus grand service à notre peuple, et son utilité prééminente en tant que fonctionnaire devrait être chaleureusement reconnu."

Au cours de la campagne de 1908, le président Roosevelt a farouchement dénoncé M. Bryan et M. Gompers pour la planche citée ci-dessus mais qu'il a maintenant adoptée. Il a ensuite écrit une longue lettre au sénateur Knox dans laquelle il a exposé le danger et la malhonnêteté de cette planche. Il serait nécessaire de lire l'intégralité de la lettre pour apprécier l'indignation et l'horreur du président Roosevelt à l'idée que Bryan et Gompers soient favorables à une telle proposition. Je ne citerai que quelques phrases à titre d'échantillons de l'ensemble. Le président Roosevelt a alors écrit ce qui suit : « C'est la planche qui promet le « remède » contre les injonctions que M. Gompers a demandé au parti de M. Bryan. En réalité, cela ne signifie absolument rien ; aucun changement de la loi ne pourrait être basé sur cela. ; aucun homme sans connaissance interne ne pourrait prédire quelle serait sa signification, car personne ne pourrait prédire comment un juge déciderait dans une affaire donnée, car la planche laisse apparemment chaque juge libre de dire quand il émet une injonction dans une affaire de travail. cas, qu'il s'agisse ou non d'un cas dans lequel une injonction serait émise si les travailleurs n'étaient pas impliqués. Plus tard, le président poursuivit : « M. Gompers, désormais l'allié ouvert et avoué de M. Bryan, a, dans la lettre citée ici, attaqué les tribunaux fédéraux en termes de reproches sans mesure parce que, par une longue série de décisions, les tribunaux d'équité ont refusé faire de l'homme d'affaires un hors-la-loi, parce que son droit d'exercer une activité licite dans le respect de la loi a été protégé par la procédure d'injonction, parce qu'en un mot, c'est l'un des droits les plus vitaux et les plus fondamentaux du monde des affaires - le droit d'un homme d'affaires de diriger son entreprise - a été soutenu et non nié par les procédures des tribunaux d'équité. Cette attaque radicale de M. Gompers contre le pouvoir judiciaire a été faite dans un effort franc et ouvert pour obtenir des votes pour M. Bryan. M. Roosevelt a conclu la lettre comme suit : « Mais il y a un autre récit contre MM. Bryan et Gompers dans cette affaire. Ephraïm se nourrit de vent. Le remède qu'ils proposent est une imposture vide de sens. Ils cherchent à tromper leurs partisans par la promesse d'un loi qui nuirait à leur pays uniquement en raison du but moral vicieux qui serait démontré en l'inscrivant dans les livres de lois, mais qui serait totalement inutile pour atteindre son objectif avoué. Je n'ai pas le moindre doute qu'une loi telle que celle proposée " La loi de M. Bryan serait, si elle était adoptée par le Congrès, déclarée inconstitutionnelle par une Cour suprême unanime, à moins que M. Bryan ne soit en mesure de remplir cette cour d'hommes nommés dans le but spécial de déclarer une telle loi constitutionnelle. "

La position progressiste contre le pouvoir des tribunaux de punir l'outrage est tout aussi révolutionnaire. Il se prononce en faveur du retrait des tribunaux du pouvoir de punir l'outrage, sauf après un procès devant jury.

La croisade visant à priver les tribunaux du pouvoir de punir les outrages a commencé au moment de la grève de Chicago en 1894, lorsque Eugene Debs et ses complices ont été reconnus coupables de désobéissance ouverte, continue et provocante à une injonction des États-Unis. tribunal des États qui leur avait été dûment signifié. La plupart d'entre vous se rappelleront que si les tribunaux n'avaient pas eu le pouvoir de punir pour outrage sans condamnation préalable par un jury – et imaginez la chance d'un procès devant jury impartial pendant la poursuite d'une grande émeute – le parti Debs aurait eu la ville de Chicago et le grand commerce ferroviaire qui la traversait entièrement à sa merci. Tous ceux qui veulent connaître les faits et se rendre compte du danger que représente la situation alors existante devraient lire le récit de la grève que M. Cleveland a fait dans son livre sur les "Problèmes présidentiels", publié en 1904, ainsi que l'opinion de la Cour suprême du Les États-Unis confirment à l'unanimité la punition de Debs et de ses associés pour outrage.

Le pouvoir des tribunaux de punir l'outrage a, depuis les débuts de la jurisprudence et aussi loin que s'étendent les annales de notre droit, « a été considéré comme un incident et un attribut nécessaire d'un tribunal, sans lequel il ne pourrait exister que sans juge », et « un tribunal sans le pouvoir de se protéger efficacement contre les assauts des anarchiques ou d'exécuter ses ordonnances, jugements ou décrets contre les parties réfractaires devant lui, serait une honte pour le corps législatif et un stigmate » sur l'âge qui l'a inventé. La Cour suprême des États-Unis a déclaré dans l'affaire Debs qu'« il ne s'agit pas d'une règle technique. Pour qu'un tribunal puisse contraindre à obéir à ses ordonnances, il doit avoir le droit de rechercher s'il y a eu désobéissance. Pour soumettre la question de désobéissance à un autre tribunal, qu'il s'agisse d'un jury ou d'un autre tribunal, aurait pour effet de priver la procédure de la moitié de son efficacité. [63]

L'appât que M. Roosevelt propose désormais aux travailleurs américains sans loi et égarés est l'abolition du seul moyen efficace de prévenir la violence et la destruction de la propriété dans les conflits du travail, premièrement en retirant aux tribunaux le pouvoir de prononcer injonctions et, deuxièmement, en émasculant le pouvoir de faire respecter leurs ordres et jugements. Bien entendu, si de telles mesures révolutionnaires et anarchistes étaient désormais inscrites dans la loi organique de cet État, comme le propose le programme de l'État progressiste, la communauté serait complètement placée à la merci des violents et des anarchiques. N'est-il pas lamentable et humiliant de voir un ex-président des États-Unis, un ex-membre de son cabinet et un ex-ambassadeur se plier ainsi à l'esprit de la foule pour obtenir des votes ?

En conclusion, je voudrais ajouter que le peuple américain connaît la position du président Taft et du vice-président Sherman sur toutes les grandes questions dont il est saisi. Ils ont été essayés et jugés satisfaisants. On peut faire confiance à ces candidats et on peut compter sur eux pour tenir tous les engagements de la plateforme de leur parti. Si quelqu'un peut aujourd'hui dire où se situe le gouverneur Wilson, sauf en tant que libre-échangiste, radical et opportuniste, il est bien plus perspicace que la plupart d'entre nous. La gloire de notre parti réside dans le fait que pendant cinquante-six ans, dans la victoire comme dans la défaite, lui et ses candidats ont défendu avec constance et sans compromis les principes de la liberté humaine et du progrès humain. Il reste le parti des principes et du progrès, comme il est le parti de la protection du travail et de l'industrie américains. Le président Taft aurait droit à la gratitude de la nation tout entière, quel que soit son parti, si le seul service de son administration avait été sa tentative de bonne foi de retirer les droits de douane de la politique des partis, d'introduire un système pour fixer le niveau de protection nécessaire. être déterminé par des experts et des conseils d'administration non partisans, et établir des méthodes commerciales d'économie et d'efficacité dans chaque département. Le futur historien aura également un grand honneur à son actif en racontant que, dans une période de bouleversements politiques, de troubles et de mécontentement sociaux, d'impatience à l'égard de la loi, de soumission aux instincts révolutionnaires, il s'est tenu fermement en tant que président des États-Unis, sans compromis et fermement pour la droite, et a placé toute sa confiance dans la réflexion réfléchie et le profond patriotisme du peuple américain, dans son attachement au droit et au progrès ordonné, et dans sa détermination à ce que le système américain de gouvernement constitutionnel représentatif « soit ne périsse pas de la terre. »

NOTES DE BAS DE PAGE :

[62] Discours en tant que président temporaire de la Convention de l'État républicain de New York, à Saratoga Springs, le 25 septembre 1912.

[63] 158 Rapports des États-Unis, p. 594-595.

CONVENTIONS DE NOMINATION [64]

La LOI primaire directe de 1911 [65] a aboli toutes les conventions politiques à l'exception de la convention d'État, mais la loi primaire directe de 1913 [66] est allée plus loin et a aboli la convention d'État, supprimant l'article sur les conventions et même la définition d'une convention de le texte de la loi. Bien que la nouvelle loi contienne à l'article 45 une disposition selon laquelle rien dans cette disposition n'empêchera un parti de tenir un congrès de parti, d'être constitué de telle manière et avec de tels pouvoirs en ce qui concerne la formulation de programmes et de politiques de parti et la transaction d'affaires liées au parti. affaires, comme les statuts et règlements du parti peuvent le prévoir, ce qui n'est pas incompatible avec la loi électorale, l'intention de ses fondateurs était clairement que ces conventions de parti ne devraient pas traiter du sujet le plus important que les partis avaient traité jusqu'à présent, à savoir la nomination des candidats à des fonctions publiques. En effet, l'article 46, tel que modifié en 1913, prévoit expressément que la désignation des candidats aux nominations des partis se fera "par pétition uniquement", de la manière prévue dans la loi électorale.

Le privilège de nommer des officiers élus de l'État au moyen de conventions de délégués ainsi refusé par la loi électorale de l'État de New York devrait, à mon avis, être reconnu comme un droit essentiellement constitutionnel, que le législateur ne devrait pas être libre de restreindre. Le droit de se réunir pacifiquement pour désigner des candidats est certainement un droit politique d'importance permanente et une préoccupation vitale pour tous les citoyens, et il devrait être garanti par une disposition constitutionnelle et ne devrait pas être restreint ou refusé par le législateur. La constitution actuelle de l'État réglemente les qualifications des électeurs, l'inscription des citoyens habilités à voter et la création de commissions d'inscription et d'élections. Mais il ne contient aucune disposition relative aux nominations aux fonctions, même au poste de gouverneur, bien que les nominations aux fonctions d'État soient d'une importance bien plus grande pour le corps politique que bon nombre des questions désormais réglementées par des dispositions constitutionnelles ou énoncées dans le déclaration des droits. Je désire vous inciter à réfléchir attentivement à la valeur de la nomination aux congrès en tant que droit constitutionnel.

Les fonctions sans cesse croissantes de l'État moderne ont fait des départements exécutifs et administratifs les branches les plus importantes et les plus puissantes du gouvernement, et la complexité croissante de l'appareil gouvernemental a rendu absolument essentiel le choix de fonctionnaires compétents et formés. Le gouvernement est devenu une activité extrêmement difficile et scientifique, et des capacités spéciales, une formation et des connaissances spécialisées sont de plus en plus requises dans les fonctions exécutives et administratives. Le test d'un bon gouvernement réside plus que jamais dans sa capacité à produire une bonne administration. Si nous voulons avoir une administration efficace et éviter le gaspillage, il faut faire preuve du plus grand soin dans la sélection des candidats. Comme l'a déclaré le gouverneur Throop il y a près d'un siècle, « il n'y a peut-être aucun aspect des devoirs de citoyenneté qui exige plus de jugement, d'honnêteté et de détermination que ceux liés à la nomination et à l'élection des dirigeants et des agents administratifs. » En fait, un bon gouvernement dépend bien plus, dans ses résultats finaux, de la capacité et du caractère des hommes qui l'administrent que des lois ou des institutions. La maxime, constamment sur les lèvres de tant de personnes, selon laquelle un gouvernement de lois et non d'hommes est le desideratum dominant, peut être extrêmement trompeuse, car le meilleur système de lois entre les mains d'administrateurs incompétents, inefficaces et malhonnêtes produira des résultats bien pires. résultats qu'un système inférieur entre les mains d'agents publics compétents, efficaces et honnêtes. La tâche la plus difficile et le devoir le plus élevé que nos électeurs soient jamais appelés à accomplir est donc la sélection des candidats aux fonctions électives de l'État. Pour accomplir cette tâche, il est impératif de disposer de moyens d'information adéquats et fiables, de possibilités complètes de conférences, d'échanges de vues, de débats et de critiques quant à la capacité et au caractère des candidats, ainsi que de méthodes efficaces de coopération et d'organisation. accompagnement des candidats qualifiés.

Le choix d'un gouverneur pour le grand État de New York, qui compte plus de 10 250 000 habitants et comprend une circonscription politique plus grande que tout autre dans ce pays, est certainement une question d'une préoccupation vitale et profonde pour l'ensemble du corps politique, pour chaque citoyen, à chaque communauté, à chaque parti, à chaque classe, à chaque intérêt. Si le scrutin court est maintenant adopté, le succès de l'administration de l'ensemble du gouvernement de l'État dépendra pratiquement de la sélection de candidats qualifiés pour le poste de gouverneur. Tout espoir de réforme gouvernementale, d'efficacité et d'économie dépendra alors nécessairement de la compétence politique et du caractère d'un seul homme, qui sera investi des pleins pouvoirs exécutifs et administratifs sur une population et un territoire plus vaste que certaines nations du monde. Un choix judicieux et sûr sera infiniment plus essentiel et plus difficile que par le passé. En fait, si les vues de certains partisans du scrutin court l'emportent, nous confierons tout ce pouvoir au gouverneur pour un mandat de quatre ans, sans aucune contrainte d'aucune sorte hormis son sens des responsabilités envers le peuple, et sans aucune contrainte effective. vérifier sa volonté ou son caprice. Nous devrions lui faire absolument confiance. En vérité, nous devrions avoir précisément la définition d'un despotisme et d'une tyrannie électifs - bénéfiques si nous sommes assez chanceux et bénis pour obtenir comme gouverneur un homme d'État exceptionnellement compétent et noble, néfastes si un politicien ou un politicien incompétent, sans formation ou intrigant. le démagogue devrait être élu. Le gouverneur aurait alors immédiatement le pouvoir de devenir un patron absolu de l'État grâce au recours à un patronage énorme et sans cesse croissant, atteignant et touchant directement ou indirectement toutes les circonscriptions électorales de l'État. Il serait capable de briser les lignes de parti, de promouvoir les intérêts de n'importe quel groupe ou faction, de punir les adversaires, de satisfaire n'importe quelle classe, de sacrifier les droits des minorités, de substituer sa volonté ou son caprice à la politique de son parti, permettre le gaspillage et l'extravagance, dicter qui devrait être son successeur. Un candidat compétent au poste de gouverneur, suffisamment connu et éprouvé pour pouvoir résister en toute sécurité à cette tentation, serait en effet un phénomène. Si l'histoire nous enseigne qu'il y a quelque chose de certain dans la nature humaine, si l'expérience, qui a bien plus de valeur que n'importe quel simple raisonnement ou théorie, a démontré à maintes reprises une vérité pratique et éternelle en politique, c'est que le pouvoir effréné mène inévitablement plus tôt que prévu. ou plus tard aux abus et à la tyrannie, et qu'aucun fonctionnaire, qu'il soit empereur , roi, président ou gouverneur, ne peut se voir confier en toute sécurité un tel pouvoir.

Nous devons garder à l'esprit que les partisans extrêmes du scrutin court, en éliminant toutes les exigences d'approbation et de consentement du Sénat en ce qui concerne la nomination des chefs des grands départements de l'État, rendraient le gouverneur suprême et indépendant du corps législatif. encore plus indépendant et puissant que ne l'est le président en vertu de la Constitution des États-Unis. J'espère sincèrement que la Convention ne commettra pas cette grave erreur. Le nombre de fonctionnaires électifs de l'État ne devrait pas être réduit à moins de quatre, à savoir un gouverneur, un lieutenant-gouverneur, un contrôleur et un procureur général. Le contrôleur devrait être un commissaire aux comptes chargé de superviser en tant que tel les différents services de l'État et indépendant du pouvoir de nomination. Le procureur général devrait devenir le chef d'un département de justice et le conseiller juridique responsable du gouverneur et de chaque fonctionnaire de l'État. Et les chefs de tous les grands départements devraient être nommés par le gouverneur avec l'approbation et le consentement du Sénat. Aucun gouverneur ne devrait avoir le pouvoir illimité de nommer ou de révoquer les chefs de tous les départements. L'exigence du consentement du Sénat est une contrainte nécessaire et salutaire pour tous les gouverneurs, bons ou mauvais. Il est préférable et plus sûr que les gouverneurs soient contraints de se soumettre à certaines contraintes plutôt que de confier le pouvoir absolu même aux hommes les meilleurs, les plus capables et les plus purs. Le principe du scrutin court est la diminution des mandats électifs, mais pas nécessairement la mise du pouvoir absolu et sans restriction entre les mains d'un seul homme.

Il est tout à fait vrai qu'une constitution d'État ne devrait traiter que de dispositions permanentes et fondamentales et ne devrait pas tenter de réglementer des questions de détail qui peuvent être traitées de manière adéquate par la législation ordinaire et qui sont facilement modifiables dans leur nature et leur fonctionnement. Sur ce point comme sur d'autres, je suis pleinement d'accord avec le programme d'État adopté l'année dernière par le parti républicain et sur la base duquel les délégués républicains à la Convention constitutionnelle ont été élus. Les questions subordonnées et non essentielles, purement réglementaires et détaillées, ne devraient pas être inscrites dans les constitutions. Mais j'ose affirmer que, dans la raison et dans une politique saine, il ne peut y avoir de disposition constitutionnelle plus importante, permanente ou fondamentale que celle relative à la manière de sélectionner les plus hauts fonctionnaires de l'État auxquels sont confiés tous les pouvoirs exécutifs et administratifs du gouvernement de notre État. être acquis. C'est un sujet tout à fait approprié et propre à réglementer par une constitution. Si cette convention ne parvient pas à résoudre le problème de l'établissement d'un système solide de nomination aux postes électifs de l'État, au moins dans ses grandes lignes et ses points cardinaux, on ne peut s'attendre à ce qu'aucun corps législatif le fasse. Quoi qu'il en soit, la nouvelle Constitution devrait déclarer avec insistance que le droit de se réunir pacifiquement dans une convention politique composée de délégués ou de représentants dûment élus dans le but de désigner des candidats à des fonctions publiques, étatiques ou locales, ne devrait pas être restreint, car il est abrégé par la loi électorale actuelle.

J'ose affirmer en outre que la question de la nomination des candidats par les congrès des délégués implique par essence la perpétuation des principes fondamentaux du gouvernement représentatif et de la forme républicaine de gouvernement que les fondateurs entendaient établir et garantir à chaque État de l'Union.

La seule grande contribution que la race anglophone a apportée à la science politique a été le principe représentatif. Il a été déclaré avec vérité que toute liberté durable assurée à l'individu, chaque réforme durable vers la stabilité du gouvernement et l'efficacité permanente de l'administration, chaque progrès durable réalisé en politique au cours des deux derniers siècles, ont été réalisés par et à travers le système représentatif. La subordination des agents publics à la loi et leur responsabilité en vertu de la loi pour tout acte illégal découlent du principe représentatif. L'indépendance du pouvoir judiciaire, ce grand rempart de la liberté et des droits de l'individu, a suivi le développement et le succès du principe représentatif. L'esprit vivifiant ou l'essence du principe représentatif est la détermination de toutes les questions de gouvernement pratique par des délégués ou des représentants choisis par le peuple, dont on suppose qu'ils peuvent agir plus intelligemment et mieux discerner les véritables intérêts de leur pays qu'une multitude d'électeurs dispersés. sur un vaste territoire. Le gouvernement selon le principe représentatif comprend non seulement la législation par les représentants choisis du peuple, mais aussi la conduite pratique du département exécutif et de ses branches administratives par des fonctionnaires choisis ou nommés par les représentants du peuple. Malgré toutes les attaques contre nos institutions politiques et tous les cas d'erreurs et de mauvaise administration, le bon sens des citoyens réfléchis confirme toujours le jugement des fondateurs de notre gouvernement selon lequel la seule voie sûre est de suivre le principe représentatif. Cela est aussi vrai aujourd'hui qu'à l'époque de la rédaction du « Fédéraliste ». La nomination directe de responsables exécutifs ou judiciaires constitue un mépris total de ce principe.

Si, à long terme, la fonction législative est remplie de la manière la plus satisfaisante par un corps représentatif composé d'hommes de chaque localité et de chaque partie de l'État, et s'il serait dangereux de confier le pouvoir législatif au pouvoir exécutif, n'est-il pas également possible de confier le pouvoir législatif au pouvoir exécutif ? s'ensuit-il que la fonction tout aussi importante de sélection des candidats aux fonctions exécutives et judiciaires et de formulation des politiques et programmes des partis sera mieux remplie par un organe représentatif, tel que les congrès des délégués, que si elle est laissée à la masse des électeurs ? Si une législation plus intelligente et une action plus sage sont susceptibles de résulter d'un corps représentatif que de la confusion d'une multitude d'électeurs, n'est-il pas également évident qu'une sélection plus intelligente et plus discriminante des dirigeants exécutifs sera faite par des représentants choisis, comme dans les conventions de nomination. , que par le grand public ?

Il ne faut pas oublier que notre système de gouvernement républicain se distingue des autres gouvernements représentatifs par la séparation pratique et efficace des pouvoirs. En Angleterre et en France, les législateurs, c'est-à-dire les délégués ou représentants élus par le peuple, nomment et contrôlent tous les fonctionnaires exécutifs et administratifs et exercent les pouvoirs exécutifs et administratifs du gouvernement . Là, les pouvoirs législatif et exécutif sont pratiquement réunis dans un même corps. Dans notre système, les législateurs n'élisent ni ne nomment de dirigeants. Il est donc essentiel, et j'en suis profondément convaincu, que les dirigeants soient nommés par des représentants dûment qualifiés si l'on veut maintenir le principe représentatif.

La nomination des dirigeants par le biais de primaires directes sera inévitablement subversive par rapport au véritable esprit du système représentatif, et le secret du vote lors des primaires de nomination finira par détruire tout sens des responsabilités. L'électeur inscrit qui vote en secret n'éprouvera souvent aucun sentiment de responsabilité envers ses voisins et ses concitoyens, et ne parviendra souvent pas à comprendre que son vote est un mandat sacré qui doit être exercé pour le bien de la communauté. Le secret du vote primaire provoque donc un grave préjudice moral en détruisant le sens de la responsabilité politique. Une déclaration publique concernant les candidatures à un poste, impliquant une recommandation aux autres électeurs quant à leur aptitude et à leurs qualifications pour le poste en question, est un moyen de freiner bien plus efficacement la corruption et la perversion du vote populaire que n'importe quel système de secret qui ne laisse aucune trace. une personne publiquement responsable des candidatures inaptes et inappropriées. À mon avis, le système primaire tend à promouvoir la nomination d'auto-publicistes, de démagogues et de tireurs d'intrigues par des minorités, des groupes, des factions, des cabales ou des sociétés secrètes irresponsables, généralement composées de personnes agissant dans l'obscurité et dominées ou contrôlées par des dirigeants. qui ne peuvent être tenus responsables, même s'ils abusent ou prostituent le pouvoir politique qu'ils exercent.

La nomination de candidats à des fonctions publiques, qu'elles soient nationales, étatiques ou locales, par le biais de congrès de parti, de caucus ou de conférences, a été introduite et a longtemps existé sans aucune réglementation statutaire. Cette pratique s'est développée normalement et par nécessité dès que l'augmentation de la population a rendu impossible pour les électeurs de se réunir en masse ou en assemblée municipale. Le corps des électeurs, qui ne pouvait pas consacrer le temps nécessaire à enquêter sur les qualifications des candidats, ni à assister aux débats politiques, et qui ne pouvait connaître que peu ou rien de la compétence et du caractère des candidats, a naturellement reconnu que la meilleure et la plus sûre solution serait de être d'élire des délégués ou des représentants de chaque quartier qui, rencontrant des délégués ou des représentants d'autres districts, pourraient échanger des points de vue, critiquer, discuter et se mettre d'accord sur les politiques et les nominations, et ainsi agir plus intelligemment, plus judicieusement et plus sagement qu'il ne serait autrement possible.

L'augmentation des circonscriptions électorales, la multiplication des mandats électifs et la négligence de leurs devoirs politiques par la majorité des électeurs ont conduit à de nombreux abus dans la gestion des conventions d'investiture, et une législation est devenue nécessaire pour prévenir les fraudes liées au déroulement des primaires. et les congrès. En promouvant cette législation, on a soutenu que si les citoyens étaient assurés du droit de s'inscrire dans le parti auquel ils souhaitent appartenir, de voter aux primaires et d'exercer librement leur choix de délégués aux congrès, ils seraient incités à prendre participer aux primaires, ce qui aurait pour conséquence d'empêcher que les nominations des partis soient contrôlées par ceux qui ont fait de la politique leur affaire ou qui ont utilisé des méthodes inappropriées ou corrompues. D'où les premières mesures de réforme introduites par la législation dans notre Etat dans les années 90.

Ces mesures se sont toutefois révélées tristement décevantes pour nombre de leurs promoteurs. Ce n'était pas parce que les statuts étaient en eux-mêmes défectueux ou inadéquats, mais parce qu'il s'est avéré impossible, par un simple texte législatif, d'inciter une majorité d'électeurs à s'inscrire dans leur parti ou à prendre une part active ou à s'intéresser à la politique. Bien qu'en vertu de ces lois primaires, les conventions de nomination auraient pu à tout moment être facilement contrôlées par l'électorat dans son ensemble, si les électeurs avaient seulement pris la peine de s'inscrire et de voter aux primaires, un grand mécontentement est apparu ou a été fomenté ou fabriqué, et une demande a été créée. pour l'abolition totale de la convention et l'introduction de l'expérience d'un système primaire direct, sur la base de l'idée que cela stimulerait un plus grand intérêt politique, permettrait aux électeurs inscrits de contrôler et d'élire leurs propres candidats, rapprocherait les nominations du peuple, et réduire et finalement détruire le pouvoir des politiciens et des patrons. La nouvelle expérience reposait sur l'hypothèse que si les électeurs inscrits pouvaient voter directement pour des candidats plutôt que pour des représentants aux conventions de nomination, ils seraient ainsi incités à s'intéresser plus activement à la politique, à renverser le contrôle ou la domination des patrons et des politiciens professionnels. , et de faire de meilleures sélections que jamais auparavant. En un mot, malgré toute l'expérience, on a supposé le contraire que si les électeurs avaient le pouvoir direct, ils rempliraient leurs devoirs politiques, que des candidats plus qualifiés, plus compétents et plus indépendants se présenteraient ou seraient amenés d'une manière ou d'une autre à à l'attention de l'électorat, et que les nominations représenteraient alors la volonté ou le choix de la majorité dans chaque parti, et non la volonté des minorités, ou le choix des patrons. La manière dont la majorité devait vérifier les qualifications de certains candidats ou coopérer pour garantir la nomination des plus qualifiés restait en suspens. On semblait penser, suivant les doctrines absurdes et éclatées de Rousseau, que le peuple voudrait toujours et, par un processus d'inspiration politique, sélectionnerait intuitivement et instinctivement les meilleurs hommes pour une charge publique.

Jusqu'à présent, les résultats ont réfuté toutes ces hypothèses, espoirs et promesses. Le peuple dans son ensemble ne participe pas aux primaires et les machines politiques sont plus puissantes que jamais. Ainsi, dans le comté de New York , le vote républicain pour le poste de gouverneur lors des primaires directes de 1914 n'était que de 23 305, sur un effectif total de 56 108 et un vote en novembre de 85 478 ; le vote primaire démocrate n'était que de 48 673 sur un effectif total de 132 693 et un vote en novembre de 90 666, et le vote primaire progressiste n'était que de 6 972 sur un effectif total de 19 705 et un vote en novembre de 5 604. Il ressort facilement de ces chiffres qu'une petite minorité d'électeurs de chaque parti a pris la peine de participer aux élections primaires directes, même dans le cas de la nomination du gouverneur de notre État, pour laquelle il y avait une lutte passionnante. dans chaque parti. Un examen des chiffres dans tout l'État montrera que les électeurs de presque toutes les circonscriptions se sont montrés moins intéressés aux élections primaires directes pour les nominations qu'ils n'en avaient l'habitude sous l'ancien système de convention et que le pouvoir de contrôle est toujours exercé par l'organisation. , mais agissant désormais en secret et de manière totalement irresponsable. Par exemple, le vote primaire républicain pour le gouverneur du comté de Bronx était de 5 276 contre un vote républicain de 29 865 en novembre, et dans le comté de Richmond, le vote primaire républicain pour le gouverneur était de 984 contre un vote républicain de 5 477 en novembre. Il est probablement exact de supposer que moins de la moitié des électeurs républicains ou démocrates s'inscrivent désormais et qu'en moyenne, moins de la moitié des électeurs inscrits prennent la peine de se rendre aux primaires, même lorsqu'il y a un concours sérieux, comme ce fut le cas l'année dernière pour le poste de gouverneur. Il y eut alors trois candidats républicains proposés, Whitman, Hedges et Hinman, et le résultat fut que moins d'un sixième des voix républicaines en novembre aurait pu suffire pour remporter les primaires, le total des voix républicaines pour le poste de gouverneur ayant été de 686 701 contre 686 701. un total de 226 037 voix primaires pour les trois candidats. Dans le cadre des primaires directes actuelles, les électeurs d'une petite partie de l'État peuvent présenter un candidat par pétition ; n'importe quel nombre de noms peut être inscrit sur le bulletin de vote officiel des primaires, et un candidat peut être présenté par un vote très minoritaire limité à une seule localité. En fait, vingt noms ou plus peuvent être inscrits par pétition sur le scrutin primaire officiel de n'importe quel parti comme candidats à n'importe quel poste électif, et le nom de la personne qui recevra le plus grand nombre de voix sera celui du candidat d'un grand parti. au soutien duquel le parti s'engagera et dont le parti sera responsable de la conduite de son mandat, bien que le candidat retenu puisse être entièrement inconnu des dix-neuf vingtièmes des électeurs à cette primaire particulière. Dans le système primaire actuel, compte tenu du petit nombre de participants aux primaires, un pourcentage insignifiant des électeurs à une primaire pouvait désigner un candidat dont la majorité du parti ignorait totalement les qualifications et la personnalité, ou un candidat dont une écrasante majorité le rejetterait catégoriquement. Sulzer a failli remporter la primaire directe du parti progressiste. Cela montre à quel point le système primaire direct engendre facilement les factions et l'irresponsabilité, et combien il est impropre à garantir l'expression de la volonté intelligente et instruite de la majorité d'un parti. De plus, il n'existe aucun moyen de savoir pour qui les pétitions sont diffusées ; aucune publicité n'est requise même après la date limite de dépôt des pétitions, et la grande majorité des électeurs inscrits n'ont généralement aucune idée des candidats aux élections primaires officielles jusqu'à ce qu'ils ouvrent les bulletins de vote officiels dans leurs bureaux de vote. La presse est soit indifférente, soit partisane, et ne discute pas de manière adéquate des qualifications et du caractère des candidats.

Je soutiens qu'il est absurde de prétendre qu'une telle méthode de nomination des fonctionnaires de l'État pour administrer le gouvernement pour une population de plus de 10 000 000 d'habitants est plus susceptible de garantir des candidats compétents et dignes de confiance, ou d'exprimer la préférence réelle et le jugement sobre et intelligent de la majorité. des électeurs de chaque parti, que l'ancienne méthode de nomination des fonctionnaires de l'État par des conventions publiques composées de délégués et de représentants des électeurs de chaque assemblée ou circonscription électorale de l'État, procédant ouvertement avec toutes les possibilités d'enquête, de discussion et de critique.

Les congrès des deux grands partis politiques tenus à Saratoga l'année dernière, au cours desquels les programmes des partis concernant la prochaine convention constitutionnelle ont été adoptés et quinze délégués généraux « recommandés », n'étaient absolument pas officiels et n'étaient pas réglementés par la loi. Ce qui était pratiquement la nomination par les congrès de candidats aux postes de délégués généraux n'était pas autorisé et ne fonctionnait que comme une simple recommandation. Ils devaient être nommés par pétition aussi pleinement que si les conventions ne s'étaient jamais réunies. Ces conventions nommaient ainsi des délégués parce qu'elles se rendaient compte, et tous les hommes sensés de l'État l'appréciaient, qu'il serait absurde de laisser la sélection et la nomination de quinze délégués généraux à la masse des électeurs inscrits qui n'auraient aucune possibilité de participer à une conférence et échange de vues sur les qualifications et la personnalité des candidats. Il fallait qu'un corps d'hommes informés, responsables et représentatifs agisse, et c'est pourquoi les conventions ont agi – en violation même de la loi. Ils se sont toutefois abstenus de considérer les candidats au grand poste de gouverneur, estimant que ce serait violer l'esprit et l'intention de la loi électorale que de prendre des mesures concernant les candidats à ce poste ! Quelle incohérence ! Le sujet le plus important et le plus vital du poste de gouverneur était laissé au hasard des pétitions circulant parmi les électeurs inscrits dans tout l'État. Parmi les électeurs, il n'y avait aucune organisation d'aucune sorte, à l'exception de ce que l'on appelle les organisations politiques, et aucun autre moyen de communication, d'échange de vues ou de débat. Bien entendu, on espérait avec confiance que l'organisation de chaque parti déterminerait, ou du moins aurait le pouvoir de déterminer, quels seraient les candidats de ce parti. Cela s'est avéré être le cas. Aucun candidat n'a été présenté aux primaires directes pour un poste d'État s'il n'était pas soutenu par l'organisation ou l'appareil régulier de son parti. Et tel, je crois, sera le résultat pratique des primaires directes dans neuf cas sur dix, et plus facilement, plus fréquemment et de manière insatisfaisante que sous l'ancien système conventionnel.

Les observateurs attentifs du fonctionnement de la loi primaire l'année dernière dans cet État, et depuis plusieurs années dans d'autres États, sont devenus convaincus que le résultat de cette soi-disant réforme a été non seulement d'accroître le pouvoir de l'organisation ou de la machine régulière, mais pour le rendre totalement irresponsable. L'organisation agit désormais en secret, à huis clos et sans rendre de compte à personne, sauf à son propre entourage. Il suffit aux dirigeants de murmurer leurs ordres par téléphone aux ouvriers de chaque district, sans conserver aucune trace, et le résultat souhaité est obtenu. Si une nomination inadéquate et inappropriée est faite, les dirigeants peuvent décliner toute responsabilité et dire que telle est la volonté du peuple souverain. Le vote à la primaire étant secret, personne ne peut être blâmé ; il n'existe aucun individu ou groupe d'individus sur lequel la responsabilité puisse jamais être imputée. Si l'on soutient qu'il existe une responsabilité réelle et que tout le monde la connaît, alors je réponds que ce n'est qu'en admettant qu'après tout, la machine secrète ou le patron est en fait responsable et règne toujours, et maintenant plus efficacement que jamais.

Comme l'ont souligné de nombreux auteurs compétents, le système des conventions a rendu dans le passé des services inestimables à notre pays. Malgré tous ses caprices, il constituait le test le plus élevé d'une institution politique représentative dans une communauté démocratique et l' application la plus saine et la plus pure du principe de représentation ou d'autorité déléguée ; il visait à lier fermement les éléments du parti entre eux ; elle offrait toute l'occasion d'échanger des vues, de critiques et de débats, de propager des principes, de concilier les factions ; cela a inspiré une vie de fête enthousiaste. Le congrès, s'il était honnêtement mené, était un organe pleinement représentatif et délibérant, et il était la véritable cause du succès du parti et du maintien et de la perpétuation des principes et des politiques du parti, ainsi que de la foi et du dévouement politiques. En un mot, la convention était et est toujours le meilleur instrument jamais conçu pour garantir un concert de choix et une action responsable et intelligente de la part de larges corps d'électeurs appartenant au même parti politique et croyant dans la même foi politique, dans les mêmes principes et dans la même politique.

Je ne suis pas du tout aveugle au fait qu'il y a eu de graves abus dans le système des congrès et que les congrès ont parfois été organisés ou menés de manière corrompue. Mais je ne connais aucune forme d'abus ou de corruption à laquelle il n'aurait pas été possible de remédier par une législation appropriée et intelligente, ou qui n'aurait pas pu être évitée à New York par l'action des électeurs si la législation des vingt-cinq dernières années avait été généralement adoptée. dont profite la majorité de chaque parti. Le contrôle de toutes les nominations était entre les mains de la majorité, si seulement elle avait pris la peine de s'inscrire et de voter pour des représentants compétents aux élections primaires. Il n'existe pas de remède pratique contre l'abus de pouvoir, la fraude ou la corruption lors des nominations aux élections, mais la participation à la politique de tous les électeurs est un devoir de citoyen. L'idée selon laquelle les primaires directes élimineraient le politicien professionnel et le patron s'est révélée fausse dans tous les États où ce système a été testé. En fait, c'est tout le contraire qui s'est produit, et la dernière condition est pire que la première ; car, je le répète, les manipulateurs, les tireurs et les chefs politiques travaillent désormais en secret et par des voies clandestines, sans aucune responsabilité ni obligation de rendre des comptes, et sont néanmoins capables de désigner cyniquement les primaires directes comme l'expression de la volonté souveraine du peuple. — une primaire qui peut être remportée par une très petite minorité du parti.

Je suppose que tous les membres de cette Convention constitutionnelle croient que l'existence de partis politiques est essentielle au succès d'un gouvernement libre et à la permanence et à la stabilité de la politique politique, et que la perpétuation d'un gouvernement de parti est souhaitable pour le bien-être et les meilleurs intérêts des citoyens. cet état. Les hommes ne peuvent pas obtenir de résultats et parvenir à leurs fins en politique, pas plus que dans la plupart des autres préoccupations humaines et questions exigeant une action concertée, sauf par l'organisation, la coopération, la discipline et la responsabilité. La valeur du service rendu au peuple américain par les grands partis politiques est incalculable, et si ces partis doivent être perturbés et leur organisation et leur cohésion minées, le résultat sera inévitablement un préjudice des plus graves pour le corps politique . Que nous considérions les partis politiques, d'une part, comme des organisations d'hommes croyant en la même foi politique, dans les mêmes principes et politiques et s'unissant pour introduire ou faire respecter ces principes et politiques, ou, d'autre part, simplement comme des organisations pour obtenir des fonctions et administrer le gouvernement — dont deux aspects présentent des motifs patriotiques — il est souhaitable, pour le bien-être permanent du peuple de tout pays libre, que les partis soient maintenus, et en particulier qu'il y ait deux grands partis responsables, chacun luttant pour le contrôle et prêt à assumer le contrôle. la responsabilité du gouvernement et de l'adoption de mesures particulières. Un agent public qui appartient à un grand parti politique et qui doit sa préférence à ce parti est soumis à un double sentiment de responsabilité en matière d'efficacité, d'honnêteté et de cohérence dans sa fonction publique. Il a un sens de responsabilité et de devoir envers l'État dans son ensemble, et il a un sens de responsabilité et de devoir envers son parti, et tous deux sont des facteurs moraux d'une valeur inestimable pour garantir l'intégrité, l'efficacité et le sérieux dans la fonction publique.

À son origine réelle, le mouvement visant à abolir le système conventionnel et à introduire des primaires à nomination directe n'est pas né d'un espoir de réforme des partis politiques existants, mais d'un désir de renverser et de détruire le système américain de gouvernement par les partis politiques. Ce projet a ensuite été repris par des hommes qui désiraient sincèrement réformer la direction du parti et corriger les abus du parti, qui désespéraient consciencieusement de réformes au sein des partis eux-mêmes, et qui ont conçu et sont finalement parvenus à croire que l'amélioration ne pouvait être obtenue qu'en déracinant et en mettant de côté tout l'appareil, l'organisation et la discipline du parti qui avaient été construits par l'expérience pratique de plus d'un siècle. Le plaidoyer en faveur du retour du gouvernement au peuple était convaincant et plausible, et il a trouvé une réponse enthousiaste dans l'aversion profondément enracinée pour l'appareil du parti, la discipline du parti et la constance du parti de la part de ceux qui négligent habituellement toute attention à la politique et aux devoirs politiques. de citoyenneté, sauf pendant les périodes d'agitation et de bouleversements populaires.

Bien que je fasse partie de ceux qui croient en l'indépendance politique et au droit et au devoir de chaque citoyen de voter contre son parti si, à son avis, l'intérêt public l'exige, je crois profondément que le gouvernement de parti, ainsi que l'organisation et l'appareil du parti, sont absolument essentiels. sous notre forme de gouvernement. Les partis politiques américains ont donné de la stabilité aux politiques gouvernementales et ont créé le seul frein efficace à la désintégration et aux caprices individuels ou à la démagogie. Il doit y avoir une cohérence dans les forces politiques ; il faut une concentration et une direction de l'énergie politique des communautés ; il doit exister une méthode systématique et pratique pour enquêter sur les qualifications des candidats et sélectionner les fonctionnaires compétents ; il doit y avoir stabilité, harmonie et coopération dans les politiques gouvernementales. Ceux-ci ne peuvent être garantis à long terme que par et à travers des partis politiques organisés et disciplinés en permanence. Aucune autre méthode n'a encore été découverte pour exprimer efficacement une opinion politique, assurer la stabilité de l'administration et des politiques gouvernementales, effectuer le jugement réel et permanent du peuple et promouvoir ses meilleurs intérêts.

Il y a quelques années, le président Wilson, en faisant référence aux attaques contre le gouvernement de parti aux États-Unis, a utilisé le langage frappant suivant, qui, je pense, devrait être rappelé maintenant :

"Je sais que des réformateurs enthousiastes, mais pas très pratiques, ont proposé de supprimer les partis par un tour de passe-passe de reconstruction gouvernementale, accompagné et complété par une certaine réhabilitation, sincèrement souhaitée, des vertus qui contrôlent le moins souvent les humains déchus. nature ; mais il me semble qu'il serait plus difficile et moins désirable que ne le supposent ces aimables personnes de diriger un gouvernement de masse au moyen d'un autre moyen que l'organisation de partis, et que le plus grand besoin est de ne pas se débarrasser des partis, mais de trouver et d'utiliser un expédient par lequel ils peuvent être gérés et rendus accessibles au jour le jour à l'opinion publique. "Quels que soient leurs défauts et leurs abus, les machines des partis sont absolument nécessaires dans le cadre de nos arrangements électoraux actuels, et sont principalement nécessaires pour maintenir ensemble les différents segments des partis... Il est important de garder cela à l'esprit. Autrement, lorsque nous analysons l'action des partis ", nous tomberons dans l'erreur trop courante de penser que nous analysons la maladie. En fait, tout cela est tout aussi normal et naturel que tout autre développement politique. Le rôle que ce parti a joué dans ce pays a été à la fois nécessaire et bénéfiques, et si les patrons et les gestionnaires secrets sont souvent des personnes indésirables, jouant leur rôle pour leur propre bénéfice ou leur glorification plutôt que pour le bien public, ils sont au moins les fruits naturels de l'arbre. Il a porté des fruits bons et mauvais, doux. et amer, sain et corrompu, mais il est originaire de notre air et de nos pratiques et ne peut être déraciné que par un changement complet de système. » [67]

Pour ces raisons, j'exhorte sincèrement la Convention constitutionnelle de l'État de New York à rétablir les conventions d'État de nomination aux postes électifs de l'État. Je le fais parce que je crois qu'ils constituent le meilleur moyen de maintenir les partis politiques, de formuler leurs principes et leurs politiques, de purifier et de discipliner leur gestion, de stimuler l'enthousiasme et le désintéressement politiques, et de sélectionner et de nommer des individus aptes et représentatifs comme candidats aux élections. haute fonction publique. J'insiste en outre sur le fait que les candidats à un tel congrès ne devraient pas avoir besoin d'une désignation autre que le dépôt d'un certificat par les officiers compétents du congrès. Toutefois, s'il est conclu que le système des primaires directes doit être maintenu aux fins de nomination des partis, il devrait alors être prévu que le nom du candidat de la convention soit inscrit sur le bulletin de vote primaire officiel avec la désignation « nommé par convention." Cela permettrait aux électeurs inscrits de ratifier ou d'annuler l'action de leur convention. Je suis cependant convaincu que cette primaire de nomination imposerait une charge inutile à l'électorat et que ce serait une erreur d'augmenter le nombre d'élections. Nous devrions alors avoir trois élections : premièrement, l'élection des délégués à la convention de nomination ; deuxièmement, les primaires officielles, et troisièmement, les élections générales. Il me semble que cela répondrait à tous les besoins si des dispositions adéquates étaient maintenues pour les nominations indépendantes par pétition et si les primaires de nomination étaient supprimées. Cela permettrait aux électeurs appartenant à n'importe quel parti de placer des candidats sur le terrain en opposition aux candidats de la convention s'ils n'étaient pas satisfaits de ces candidats.

En supposant que nous maintenions le système d'élection des juges à nos plus hautes fonctions judiciaires, c'est-à-dire les juges de la Cour d'appel et les juges de la Cour suprême, je soutiens que les candidats à ces fonctions très importantes devraient être nommés par des congrès et non par primaires directes. Je considère que cela est encore plus essentiel dans le cas de la nomination à des fonctions judiciaires que dans le cas de la nomination à des fonctions exécutives.

Les qualités requises chez un candidat à de hautes fonctions judiciaires sont la connaissance du droit, l'amour de la justice, une haute personnalité, le calme, l'impartialité et l'indépendance. La simple popularité, ou ce qui est si souvent nécessaire à la popularité, la camaraderie, est la dernière qualité que nous recherchons chez un juge. L'égocentrique et l'auto-annonceur sont rarement qualifiés, par leur tempérament ou leur caractère, pour une charge judiciaire. Cela nécessite l'enquête la plus approfondie sur la formation professionnelle, la carrière et la conduite d'un candidat ainsi que l'échange de vues le plus approfondi avant qu'un candidat judiciaire puisse être sélectionné intelligemment et judicieusement. Faute de moyens adéquats d'acquisition d'informations, le public dans des circonscriptions aussi vastes que l'ensemble de l'État de New York (dans le cas des juges de la Cour d'appel) et des différents districts judiciaires (dans le cas des juges de la Cour suprême) ne peut pas estimer intelligemment les qualifications des candidats à la magistrature. Il me semble absurde de prétendre que dans des partis composés de centaines de milliers d'électeurs inscrits et dispersés dans tout l'État, les électeurs peuvent enquêter, échanger des points de vue ou agir intelligemment en ce qui concerne les qualifications des avocats proposés comme candidats à des fonctions judiciaires. — presque aussi absurde que si nous devions tirer au sort les candidats à la magistrature à partir des noms inscrits sur la liste primaire officielle.

Le test d'aptitude à des fonctions judiciaires devrait incontestablement être plus exigeant et plus technique que pour d'autres fonctions. Ce test devrait exiger une capacité et un caractère particuliers, qui doivent être vérifiés par une enquête minutieuse, un échange de vues, une discussion ouverte et une comparaison des mérites par des délégués ou représentants responsables chargés de cette fonction particulière et agissant en public et personnellement responsables d'erreur, de perversion ou de corruption . . Ce test peut être mieux assuré par le système des conventions ; pratiquement, aucun système de primaires secrètes et directes ne peut garantir ce résultat.

La réforme de la sélection des juges, si leur sélection doit se faire par élection, ne consiste pas à réformer la nature humaine par des remèdes législatifs et à détruire la publicité et la responsabilité, mais à faire comprendre aux électeurs que le gouvernement leur appartient, que le pouvoir politique leur appartient. qu'ils ont le devoir d'envoyer des représentants compétents aux congrès, qu'ils ont la responsabilité d'élire des hommes compétents et qu'ils ont un intérêt vital à disposer d'un pouvoir judiciaire compétent, impartial et indépendant. Les conventions politiques seront fiables et réactives si le peuple veille à ce que des hommes compétents, honnêtes et patriotes soient élus pour les représenter. Il n'y a pas d'autre solution que si nous déracinons tout notre système de gouvernement républicain.

Dix années d'expérimentation de notre loi électorale ont produit le méli-mélo actuel dans lequel aucune élection ne se déroule sans erreur et sans susciter de poursuites et dont tous, à l'exception des experts et des politiciens professionnels, se détournent avec irritation et dégoût. Le résultat net a été de compliquer nos élections et de les rendre de moins en moins sensibles à la meilleure opinion publique, et de plus en plus soumises au contrôle des politiciens professionnels, des tireurs de fil et des patrons.

En conclusion, tout en me répétant, je soutiens sincèrement qu'il ne peut y avoir de plus grande menace pour nos institutions politiques et pour le gouvernement par le peuple que la tendance dominante à affaiblir et à affaiblir le principe représentatif dans nos gouvernements d'État en nommant les fonctionnaires exécutifs et judiciaires par voie directe. des primaires secrètes plutôt que par le biais de conventions publiques composées de délégués ou de représentants dûment choisis par les électeurs inscrits des partis et chargés du devoir de sélectionner des candidats compétents et honnêtes et directement responsables devant la localité qu'ils représentent de l'incapacité à s'acquitter de ce devoir. Ces délégués représentent le peuple des différents districts de l'État ; ils se réunissent en public ; ils échangent et discutent des points de vue, ou en tout cas ont toute possibilité de débat et de critique ; ils votent en public pour tel ou tel candidat, puis ils retournent chez leurs voisins, vers ceux qui les ont envoyés et pour lesquels ils ont parlé et voté, et font face à des responsabilités. Une telle procédure n'est-elle pas beaucoup plus susceptible d'assurer des candidats compétents et honnêtes que le système actuel qui consiste à laisser l'électeur en liberté se glisser dans un isoloir faiblement éclairé et placer secrètement une croix sur un bulletin de vote non identifiable ? Le système des conventions est solide et doit être préservé ; lui seul perpétuera nos partis et notre forme de gouvernement, et en mettant de côté le principe représentatif, comme cela se fait nécessairement dans le système primaire direct de nominations aux fonctions étatiques et judiciaires, nous entamons un processus qui, s'il n'est pas contrôlé, finira par se terminer. dans ce que Lincoln a appelé un suicide politique.

NOTES DE BAS DE PAGE :

[64] Remarques devant le Comité du suffrage de la Convention constitutionnelle de l'État de New York à Albany, le 16 juin 1915.

[65] Lois de 1911, ch. 891.

[66] Lois de 1913, ch. 820.

[67] Gouvernement du Congrès, p. 97, et Gouvernement constitutionnel aux États-Unis, pp. 209, 210.

ÉCOLES PAROISSIALES CATHOLIQUES [68]

L' ACHÈVEMENT de ce bâtiment, son dévouement à l'éducation et l'ouverture de ses portes en tant qu'école paroissiale catholique sont des questions qui n'ont pas une importance ordinaire dans cette communauté. Par cette fonction actuelle, nous soulignons publiquement le caractère religieux du travail éducatif à entreprendre ici. Le respect dû à l'opinion de nos voisins et concitoyens semble exiger une certaine déclaration de la part des laïcs catholiques pour expliquer les raisons qui ont poussé une congrégation relativement pauvre à engager cette grande dépense et à assumer une obligation d'entretien futur. qui, année après année, constituera un fardeau très grave et croissant. C'est en effet un événement frappant qu'une congrégation, dont très peu de membres disposent de gros moyens, ait construit et équipé un tel bâtiment, coûtant plus de 150 000 $, et se soit engagée à soutenir l'école et, en fin de compte, à s'acquitter de la dette hypothécaire restante de 50 000 $. .

Il existe malheureusement beaucoup d'incompréhensions et de critiques parmi nos concitoyens d'autres confessions concernant l'attitude de l' Église catholique romaine à l'égard du sujet important et de grande portée de l'éducation des enfants dans les écoles publiques, et le point de vue catholique est souvent mal représenté.

En premier lieu, on affirme constamment que les catholiques sont opposés au système scolaire public américain. Au contraire, les catholiques approuvent et soutiennent les écoles publiques, et votent volontiers et paient leur part des impôts nécessaires à l'entretien de ces écoles. Ils croient que l'État devrait fournir des écoles communes gratuites pour l'éducation des enfants, de sorte que chaque enfant américain non seulement ait la possibilité d'obtenir une éducation gratuite, mais soit contraint de profiter de l'opportunité ainsi offerte. Ils reconnaissent que dans ce pays, il est généralement impraticable dans les écoles communes d'enseigner les principes des confessions religieuses, car obliger les enfants à étudier sans discernement les doctrines d'une religion particulière à laquelle leurs parents ne croient pas détruirait toute liberté religieuse et serait contraire aux droits fondamentaux. Ils reconnaissent en outre que tenter d'enseigner dans les écoles publiques les principes des confessions catholique, juive et protestante serait tout à fait impossible et conduirait inévitablement au chaos religieux. Ils se rendent compte que l'égalité absolue ou la liberté religieuse ne peuvent être garanties qu'en rendant les écoles publiques non sectaires. Les catholiques sont donc favorables au maintien du système des écoles communes gratuites ; ils ont jusqu'à présent soutenu et continueront à soutenir le système, bien qu'ils s'opposent à certains détails de gestion, et ils enverront et enverront leurs enfants dans ces écoles publiques partout où il n'y a pas d'écoles catholiques. En fait, une bonne moitié des enfants catholiques de notre pays fréquentent désormais les écoles publiques en raison du manque d'écoles catholiques.

Des milliers de protestants et de juifs aisés – dont beaucoup vivent dans notre voisinage immédiat – envoient leurs enfants dans des écoles privées, qu'il s'agisse d'externats ou d'internats, dans lesquels la foi protestante est souvent enseignée. Pourtant, personne ne suggère que, parce que ces parents envoient leurs enfants dans des écoles privées, ils agissent d'une manière ou d'une autre en hostilité envers les écoles publiques, ou envers les institutions américaines, ou envers le meilleur intérêt de leurs propres enfants. En tant que parents, ils ont et devraient avoir le droit d'envoyer leurs enfants dans les écoles qui, selon eux, leur offriront une éducation plus complète et plus propice à la formation du caractère moral que celle qu'ils peuvent obtenir dans les écoles publiques. Les catholiques ne font qu'exercer le même droit commun, et ce qu'ils croient d'ailleurs être leur devoir de parents, lorsqu'ils envoient leurs enfants dans les écoles paroissiales qui sont construites, équipées et entretenues à leurs frais.

Une autre fausse déclaration, et que les catholiques détestent, est l'affirmation selon laquelle les écoles paroissiales et autres écoles catholiques n'inculquent pas le patriotisme et enseignent des doctrines anti-américaines. Tout enquêteur honnête constatera facilement que cette accusation est totalement infondée. Dans les écoles catholiques, le patriotisme, l'obéissance à la loi et la loyauté à la Constitution sont enseignés comme un devoir religieux encore plus que comme un devoir civique ; les idéaux les meilleurs et les plus élevés du patriotisme et de la citoyenneté américains sont exaltés. Aucun vrai catholique américain ne peut être autre qu'un bon citoyen américain patriote. Dans ces écoles, on enseigne aux enfants que l'obéissance loyale aux lois et la tolérance religieuse sont les deux éléments essentiels d'une bonne citoyenneté catholique, et sous toutes les formes et sous tous les aspects, ils sont impressionnés par l'obligation, comme devoir religieux, de rendre à César ce qui appartient à César. et à Dieu les choses qui appartiennent à Dieu et être toujours reconnaissant que dans ce pays ces deux obligations distinctes soient entièrement conciliables.

La raison ou le motif fondamental et déterminant pour la création et le maintien d'écoles paroissiales est la profonde conviction de tous les catholiques romains, dans laquelle le clergé et les laïcs forment une unité, que le bien-être de l'État, la stabilité de l'Union, le maintien de la liberté civile et religieuse et le bonheur durable de l'individu dépendent du code et des normes de moralité, de discipline, de retenue et de tempérance enseignées par la religion. L'étudiant en histoire sait bien que l'ordre social et la société civilisée ont toujours reposé sur la religion ; qu'il n'y a jamais eu de nation civilisée sans religion ; que le gouvernement libre n'a jamais duré longtemps, sauf dans les pays où une certaine foi religieuse a prévalu, et que notre propre pays a été pendant trois siècles un pays essentiellement religieux, ce qui signifie que la grande majorité des citoyens ont cru en Dieu et en certains Religion chrétienne. Lorsque la Constitution des États-Unis a été établie, les Américains étaient un peuple véritablement religieux et, dans leur ensemble, ils étaient fermement attachés à une forme ou une autre de foi chrétienne. L'archevêque Ireland, dans la cathédrale Saint-Paul, a récemment souligné qu'à cette époque, "s'abstenir du service religieux du dimanche revenait à invoquer sur soi-même de sérieuses critiques publiques". Il est vrai que la grande majorité des Américains étaient alors protestants, mais ils constituaient une majorité religieuse. Les catholiques ne doivent jamais oublier qu'ils doivent la bénédiction de la liberté religieuse et de la tolérance dont ils jouissent aujourd'hui à une génération majoritairement protestante et qu'elle a été accordée pour la première fois à une époque où la liberté religieuse et la tolérance étaient pratiquement inconnues en Europe, que ce soit dans le monde catholique. ou des pays protestants.

Lord Bryce, dans son grand ouvrage sur « Le Commonwealth américain », a passé en revue l'influence de la religion dans ce pays et a déclaré que « l'on est surpris à l'idée de ce qui pourrait arriver à cet énorme mais délicat tissu de lois, de commerce et d'institutions sociales. la fondation sur laquelle elle reposait s'est effondrée. » Il a reconnu ce fondement comme étant la religion, et il nous a averti que « plus les républiques deviennent démocratiques, plus les masses prennent conscience de leur propre pouvoir, plus elles ont besoin de vivre, non seulement par le patriotisme, mais par le respect et l'égoïsme » . contrôle, et les plus essentielles à leur bien-être sont les sources d'où découlent le respect et la maîtrise de soi. [69] Les catholiques croient que ces sources de respect et de maîtrise de soi se trouvent dans la religion, et que si nous semons dans l'irréligion, nous récolterons dans l'irréligion. D'où la détermination ferme et sans compromis du clergé et des laïcs catholiques selon laquelle une instruction religieuse approfondie et efficace, dans la mesure où cela est en leur pouvoir, sera un élément vital et essentiel dans l'éducation de chaque enfant catholique américain.

Je doute fort qu'un nombre respectable de citoyens américains sensés et réfléchis de nos jours remettent en question la vérité selon laquelle la moralité est essentielle au maintien d'une société et d'un gouvernement civilisés, et que la plus grande influence en faveur de la moralité se trouve dans les églises des différents pays. confessions religieuses à travers tout le pays, et qu'en enseignant la morale, les églises rendent un service patriotique et promeuvent les meilleurs intérêts et la politique la plus élevée de l'État. J'ose affirmer que la seule divergence d'opinion raisonnable possible entre des hommes francs et justes concerne la meilleure manière d'inculquer la religion aux jeunes et la mesure dans laquelle l'instruction religieuse est essentielle en tant que partie de l'éducation complète des enfants. D'un côté, il y a ceux qui affirment consciencieusement et croient sincèrement que leurs enfants peuvent recevoir toute la formation religieuse dont ils ont besoin à la maison ou à l'école du dimanche et qu'ils n'ont besoin d'aucune instruction religieuse dans la salle de classe quotidienne ; d'un autre côté, il y a ceux qui affirment consciencieusement et croient sincèrement que la religion est la partie la plus essentielle de l' éducation de l'enfant et de la formation de son caractère moral, que peu de parents ont le temps ou la capacité d'enseigner la religion à leur enfant. les enfants, et que la religion ne peut être correctement enseignée qu'en l'intégrant à la première salle de classe et à l'instruction et à l'étude quotidiennes, alors que l'esprit et le caractère de l'enfant sont plastiques. Ce dernier point de vue est celui des catholiques et d'un nombre sans cesse croissant de protestants qui envoient leurs enfants dans des écoles privées où les doctrines de leur foi sont enseignées.

Du point de vue catholique, l'influence de l'école sur la future virilité, la féminité et la citoyenneté du pays ne peut être surestimée. L'école est la crèche où l'esprit et le cœur de l'enfant impressionnable prennent une forme durable ; l'influence subtile de l'environnement religieux quotidien, y compris l'exemple et la suggestion en classe, est aussi forte et omniprésente que difficile à analyser ; les leçons de l'école primaire et élémentaire sont celles qui perdurent et qui, avec le temps, dominent l'esprit de l'enfant ; et les exemples visibles de discipline quotidienne, d'uniformité des idéaux, d'obéissance, de maîtrise de soi et de dévouement désintéressé à l'Église et à la patrie, en fait l'atmosphère même de l'école religieuse catholique, sont en eux-mêmes des éléments formateurs et éducatifs. C'est la salle de classe qui est le terrain de formation du caractère et du civisme, de la véritable virilité et de la véritable féminité. Pourtant, beaucoup excluraient et banniraient complètement sa caractéristique la plus importante et la plus essentielle !

Les catholiques croient que la religion et la philosophie du christianisme ne doivent pas être enseignées au hasard, à des moments étranges ou par des personnes non formées, et qu'une solide compréhension des vérités de la religion catholique – ou en fait de toute religion – par des esprits immatures et Le cœur des enfants ne peut pas être sécurisé en récitant simplement des maximes abstraites de moralité, ou sans un exemple et des préceptes constants, des leçons quotidiennes, un long entraînement et un entraînement approfondi. Ils croient en outre que, sauf dans de rares cas, cela ne peut se faire par l'enseignement à domicile ou par la fréquentation de l'école du dimanche une fois par semaine. Les immenses sacrifices que les catholiques ont faits et font dans tout le pays devraient démontrer la sincérité de leur conviction sur ce point. Nous pouvons nous faire une idée de l'ampleur de ce sacrifice grâce à ce bâtiment et au fait que la valeur estimée des écoles paroissiales catholiques de la ville de New York dépasse désormais 30 000 000 $.

L'histoire des luttes héroïques et des sacrifices des catholiques afin de maintenir leur système scolaire pour l'éducation de leurs enfants devrait être connue de tous les catholiques américains, car c'est la page la plus passionnante et la plus inspirante de l'histoire de leur Église. Le temps qui me reste me permettra seulement de faire un bref bilan des résultats obtenus. C'est une réalisation dont les catholiques peuvent, à juste titre, être fiers.

Le fait religieux le plus important aux États-Unis aujourd'hui est sans aucun doute le système scolaire catholique entretenu par des particuliers. Les écoles paroissiales catholiques sont aujourd'hui au nombre de plus de 5 000, et les académies et collèges plus de 900, avec plus de 1 500 000 élèves fréquentant ces écoles et collèges. Plus de 20 000 hommes et femmes catholiques consacrent généreusement leur vie au travail d'enseignement dans ces écoles, académies et collèges. Le système est couronné par une grande université catholique à Washington, qui accueille près de 1 500 étudiants. Cette vaste organisation éducative est entretenue au prix de millions de dollars par an, sans aucune aide publique, à l'exception de l'exonération des propriétés scolaires des impôts ordinaires. L'efficacité des écoles et collèges catholiques a été démontrée depuis longtemps par les examens et les résultats pratiques, et elle est enfin généralement admise. Les écoles catholiques enseignent tout ce qui est enseigné dans les écoles publiques et, en outre, elles enseignent la religion et la morale religieuse. Les normes d'éducation dans toutes les branches laïques sont égales et dans de nombreux cas supérieures à celles des écoles publiques ou privées du quartier. En d'autres termes, les enfants catholiques sont aussi bien éduqués dans les écoles catholiques que dans les écoles publiques ; ils viennent d'eux aussi bien formés et aussi patriotiques que les enfants venant de n'importe quelle autre école, et en plus ils sont profondément ancrés dans les doctrines de leur grande religion. Je dis « grande » parce que c'est la grande religion de toute la chrétienté ainsi que de ce pays. Lorsque la Constitution des États-Unis fut élaborée lors de la convention de Philadelphie en 1787, il n'y avait qu'environ 25 000 catholiques déclarés dans l'ensemble de l'Union. Ils sont aujourd'hui au nombre de 17 000 000. Aux États-Unis, plus d'un tiers de tous ceux qui fréquentent aujourd'hui les églises chrétiennes sont catholiques. L'Église catholique compte plusieurs fois plus de membres que toute autre confession religieuse. Les chiffres de l'État de New York montrent qu'environ 65 pour cent, soit près des deux tiers, de tous les fidèles réguliers des églises chrétiennes sont des catholiques romains, et que le reste des fidèles est réparti entre de nombreuses confessions protestantes distinctes. D'où la justesse de l'affirmation selon laquelle la religion catholique est la grande religion de ce pays.

Il est vrai et il convient d'ajouter que les catholiques espèrent qu'un jour viendra où les gens de toutes confessions apprécieront mieux le fait que l'instruction religieuse tend à promouvoir la citoyenneté la meilleure et la plus loyale, que les écoles paroissiales catholiques sont donc, rendre un service public et qu'en tant que tels, ils devraient se voir attribuer une part raisonnable du fonds public d'éducation provenant de l'impôt général, mesurée et limitée à l'épargne réelle de ce fonds, à condition également qu'un niveau d'éducation requis soit maintenu. En Angleterre, par exemple, les écoles paroissiales catholiques reçoivent des subventions de deniers publics si elles remplissent certaines conditions d'efficacité en matière d'enseignement laïque, de qualification du personnel et d'équipement, et le montant de ces subventions correspond approximativement à l'économie réelle réalisée sur le fonds public . Dans le diocèse catholique de Long Island, dans lequel nous vivons, plus de 68 000 enfants sont scolarisés dans les écoles et collèges catholiques, et dans le Grand New York, plus de 130 000 enfants fréquentent les écoles paroissiales. Tous ces enfants devraient être éduqués dans les écoles publiques et aux frais des contribuables si les écoles catholiques ne les éduquaient pas, et cette éducation catholique implique une immense économie directe pour le fonds des écoles publiques . Des statistiques récemment soumises à la Convention constitutionnelle siégeant à Albany ont montré que les économies immédiates réalisées par la seule ville de New York grâce aux écoles paroissiales s'élevaient à 7 500 000 dollars par an, et que pas un centime de cette économie n'était contribué par la ville ou l'État à le coût de l'éducation et de la formation de ces enfants catholiques. Par conséquent, il n'est pas déraisonnable de croire que la justice et la tolérance finiront par prévaloir et que le jour viendra où il sera reconnu comme une politique publique équitable et sage et éclairée de prévoir que chaque fois qu'une confession, qu'elle soit catholique, protestante ou juive, en plus de donner une instruction religieuse, éduque et forme un grand nombre d'enfants selon des normes et des tests laïques satisfaisants, et soulage ainsi le fonds public d'éducation, chaque école confessionnelle de ce type devrait se voir accorder, sur les fonds publics, une partie de ses dépenses. l'économie ainsi réalisée, car elle rend un service public. J'en suis convaincu, une base d'ajustement sera finalement élaborée, qui sera juste et juste pour toutes les confessions. Mais en attendant, les écoles privées où une formation à la fois laïque et religieuse est dispensée aux enfants, y compris les écoles paroissiales catholiques, doivent continuer à être construites, équipées et soutenues entièrement par les membres des différentes confessions. Il existe aujourd'hui de nombreuses écoles privées protestantes où la foi protestante est enseignée ; et ce qui est vrai des écoles paroissiales catholiques l'est également des écoles protestantes.

Nous sommes tous tellement habitués aux bienfaits de la liberté religieuse absolue que nous avons vraiment du mal à imaginer qu'une autre condition ait jamais pu être tolérée dans le grand air de l'Amérique, et nous sommes très enclins à négliger ou à minimiser la valeur de la plus grande liberté religieuse. précieux privilège dont nous jouissons. Pourtant, cela ne fait que quelques générations que l'intolérance religieuse prévaut aux États-Unis et que les catholiques sont persécutés de manière impitoyable et barbare. La première constitution de l'État de New York, en 1777, était discriminatoire à l'égard des catholiques en autorisant uniquement les protestants à devenir citoyens de l'État, et cela malgré le fait que le Congrès continental avait, trois ans auparavant, supplié les États d'enterrer à jamais l'intolérance religieuse dans l'oubli. . À une certaine époque, dans la colonie de New York, les prêtres catholiques étaient pourchassés comme des criminels, condamnés à l'emprisonnement perpétuel s'ils étaient appréhendés et devaient subir la peine de mort s'ils s'évadaient de prison et étaient repris. Les catholiques ne pouvaient occuper des postes civils ou militaires, et ne pouvaient même pas adorer Dieu selon leur foi sans devenir des criminels et passibles d'emprisonnement. La seule période de pleine tolérance religieuse et de liberté dans notre histoire coloniale a eu lieu pendant une courte période sous le mandat du gouverneur Dongan , qui était catholique romain.

Toute cette intolérance a heureusement disparu pour ne jamais revenir, et la liberté religieuse est désormais solidement établie. Je me souviens du passé uniquement pour vous faire comprendre que nous devons chérir cette bénédiction et être toujours reconnaissants envers la génération d'Américains, majoritairement protestants, qui nous a donné la liberté religieuse et, ce faisant, a largement contribué à expier la persécution passée des catholiques. .

En conclusion, je dois ajouter que nous, catholiques de la paroisse Saint-Patrick de Glen Cove, devrions saluer notre appréciation du grand service et du dévouement désintéressé de la seule personne dont l'énergie sans réserve a rendu cette école possible et sans l'exemple de laquelle nous devrions désespoir de le maintenir. Puisse longtemps ce magnifique bâtiment demeurer un splendide monument à la foi et au patriotisme d'un prêtre catholique, notre pasteur bien-aimé, Bernard O'Reilly. Nous devons également exprimer notre cordial accueil et notre engagement de soutien aux Sœurs de Notre-Dame, dignes membres d'une grande confrérie catholique américaine vouée à l'éducation des enfants, qui s'apprêtent désormais à assumer parmi nous la tâche d'enseigner à nos enfants. Ils travailleront semaine après semaine et année après année, avec dévouement et altruisme, pour une somme dérisoire à peine suffisante pour subvenir à leurs besoins physiques absolus, avec peu ou pas d'attente de reconnaissance publique . Ils chercheront et trouveront leur récompense uniquement dans la satisfaction intérieure du travail et du devoir bien accompli de la journée et dans la maxime inspirante et vivifiante de leur ordre et de toute leur vie quotidienne selon laquelle leur tâche sainte est toujours

Pro Deo et Ecclesia et Patria .

NOTES DE BAS DE PAGE :

[68] Remarques lors de l'inauguration de l'école paroissiale catholique romaine de Glen Cove, Long Island, New York, le 6 septembre 1915.

[69] The American Commonwealth, nouvelle édition (1912), vol. II, p. 793, 794.

LE COMITÉ FRANCE-AMÉRIQUE DE NEW YORK [70]

Je vous DEMANDE , Messieurs, de vous lever et de lever bien haut vos verres au toast commun de Son Excellence le Président des États-Unis, de Son Excellence le Président de la République française et de Sa Majesté le Roi d'Angleterre.

Je vous demande encore une fois de vous lever et de lever haut vos verres au toast commun des autres Alliés : à Sa Majesté le Roi des Belges, dont le peuple vaillant et héroïque a terriblement souffert et a montré une fois de plus, comme César nous l'a enseigné, que « *horum omnium fortissimi sunt Belgae* ;" Sa Majesté Impériale le Tsar de toutes les Russies , dont les courageux soldats ont supporté une si grande partie de la bataille et payé un tribut si terrible, et à Sa Majesté le Roi d'Italie, et à sa courageuse armée et sa marine, dont l'aide peut encore s'avérer décisif.

L'objet permanent du Comité France-Amérique, organisé bien avant la guerre actuelle, étant de perpétuer les traditions et les liens d'amitié qui unissent les gouvernements et les peuples de France et d'Amérique, nos invités comprendront aisément pourquoi la France devrait paraître , en ce moment, au premier plan de nos pensées.

Monsieur Homberg, Monsieur Mallet : Le Comité France-Amérique de New York éprouve un très vif plaisir à saluer fr vous les délégués de la République Française. Le Comité tient à vous témoigner l'amitié des Américains pour la France, notre admiration de l'héroïsme que le peuple français de toutes classes à montré pendant l'année affreuse qui vient de s'écouler , nos ardentes sympathies pour vous souffrances , et nos souhaits pour votre avenir.

Notre hospitalité HNE malheureusement imprégnée d'une tristesse poignante , car un souci de tous les instants ne nous permet pas d'oublier la guerre brutale et féroce qui a dévasté une grande fête de la France et presque toute la Belgique, et qui menace non seulement les libertés des peuples français et belge , mais la civilisation de toute l'Europe . Il est vrai que notre gouvernement national, pour des raisons d'état, se trouve forcé de maintenir une neutralité légale , tâche si difficile et si complexe , mais le peuple américain ne saurait être indifférent aux malheurs et aux détresses des Français . Un grand Américain a bien dit que c'est fr apprenti l'histoire de son pays que l'enfant américain apprend à aimer la France. Nous ne pourrons jamais oublier l'aide généreuse , la sympathie , le dévouement , et le désintéressement que le peuple english nous a témoignés au début de notre histoire . Le souvenir, Messieurs, fr HNE ineffaçable . Innombrables sont mes compatriotes qui prient de tout cœur qu'une nou velle Bataille de Poitiers contre les Sarrasins délivrer bientôt la belle et sainte terre de France de ses envahisseurs .

Le service que la France a rendu aux Etats -Unis est souvent méconnu et quelquefois oublié . L'heure est lieu de réfuter et les dénigrements et les préjugés . Le Comité France-Amérique voudrait saisir cette occasion pour rappeler fortement ce que nous devons à la France et exprimer la reconnaissance profonde que le peuple américain ressent envers le peuple français .

La plupart des historiens , cherchant leurs matériaux dans les archives des gouvernements et dans les notes des rois et de leurs ministres , ne voient trop souvent qu'un calculer ou un motif intéressé dans l'aide que la France nous a apportée et dans l'amitié qu'elle nous a témoignée pendant notre Guerre d'Indépendance . Mais ceux qui cherchent consciencieusement à pénétrer jusqu'à l'âme du peuple français pendant les années de 1776 à 1781, comme l'avait fait l'historien Américain , James Breck Perkins, feu le président du Comité des Affaires Etrangères de notre Congrès National, attestant que cette aide, qui fut si efficace et qui seule à rendu notre succès possible, était désintéressée et n'était inspirée que par sympathie pour un peuple faible et par amour pour la liberté et la justice politique. La Fayette, l'ami intime et dévoué de Washington et de Franklin, était véritablement l'incarnation du sentiment d'enthousiasme exalté et de sympathie ardente que les Français ressentiraient alors dans toutes les classes pour un peuple qui voulait être libre. Sans doute Louis XVI. et Vergennes y voyaient des avantages incidents et des raisons d'état, mais c'était bien le peuple impatient et l'enthousiasme et le sentiment public de la nation entière qui ont finalement forcé le gouvernement du Roi à nous envoyer une militaire disciplinée sous Rochambeau et une flotte de guerre sous d'Estaing et de Grasse. L'importance incalculable du service rendu par les Français peut être estimée en nous rappelant que les deux tiers et les mieux équipés des troupes alliées à Yorktown étaient français , et que ce fut à Rochambeau que le commandant anglais avait cru devoir rendre son épée.

En prenant part à notre Guerre d'Indépendance , le peuple français je savais parfaitement que son aide lui coûterait un prix énorme et que les impôts déjà trop lourds il faut être encore augmentés . L'historien Perkins déclare que le montant des dépenses de la France pour libérer l'Amérique s'est élevé à sept cent soixante douze millions de dollars, c'est à dire, à plus de trois milliards huit cents millions de francs. [71] De cette énorme dépense , qui a ruiné le trésor royal, comme l'avait bien prédit Turgot, pas un sou n / A été remboursé à la France. Elle ne l'a jamais réclamé , et elle fr refuserait fièrement aujourd'hui le remboursement en nous rappelant qu'elle avait stipulé dans le traité d'alliance avec les Etats -Unis d'Amérique du 6 Février 1778, qu'elle ne recevrait aucune indemnité pour sa coopération et ses sacrifices, et que même si le Canada était conquis , cette contrée serait annexée aux Etats -Unis et non pas retournée à la France. Ce traité , sans précédent fr générosité dans l'histoire du monde, était le premier de tous les traités que les Etats -Unis ont faits et le seul traité d'alliance dans notre histoire .

Ne serait -il pas souverainement juste , si le peuple américain , cent trente quatre ans après la bataille de Yorktown, reconnaissancesait ce service—je me refuse à l'appeler dette — fr offrir au peuple français un crédit commercial du principal, c'est à dire, sept cent soixante douze millions, remboursables quand la France le pourrait-elle ? Même en francs, ce ne serait que l'équivalent d'une contribution insignifiante par chaque citoyen des Etats -Unis, et bien moins fr valeur que l'impôt qui a été payé volontairement et de bon cœur par le peuple français du dix- huitième siècle pour nous aider. Quelle noblesse, quelle gloire, quelle splendeur de cœur , d'âme et d'esprit si les grands banquiers américains avaient pu proclamer au monde qu'ils avaient eux-mêmes offrir le crédit en reconnaissance du passé! Nous sommes série vraiment fiers de notre génération si elle pouvait écrire une page aussi sublime, aussi impérissable dans l'histoire du monde. Alors, Messieurs, nul doute ne subsisterait quant au succès éclatant de votre mission, surtout si une parole éloquente pouvait toucher le cœur des Américains et leur rappeler combien ils doivent à la France, à cette république sœur et souffrante , et combien la question aujourd'hui n'est pas seulement une affaire commerciale pour notre propre profit avec nos meilleurs clients, mais aussi une question de gratitude pour un ami loyal et dévoué et de sympathie efficace pour un grand et noble peuple qui souffre .

Au nom de cette reconnaissance et de cette sympathie américaines que j'ai essayé d'exprimer fr interprétant , j'en suis convaincu , la pensée de tous les Américains réunis ici , je lève lun verre fr l'honneur de la République Française, de la France blessée Maïs si vivante , si courageuse , si vaillante , et de ses représentants distingués qui nous honorent de leur présences , M. Octave Homberg et M. Ernest Mallet. Messieurs, j'ai l'honneur de vous présenter M. Homberg. [72]

Monseigneur le juge en chef d'Angleterre et messieurs de la Commission britannique : Après les hommages éloquents d'hier soir aux pèlerins, j'ai beaucoup de mal à vous exprimer et à vous transmettre toute la portée et la sincérité de notre accueil.

Tout lien qui peut lier un peuple à un autre lie le peuple américain aux Anglais. La plupart d'entre nous sont de race anglo-saxonne et avons le même sang qui coule dans nos veines. Pour la grande majorité des Américains, l'Angleterre a toujours été la mère patrie. Nous parlons la même langue, lisons la même littérature, luttons pour les mêmes idéaux, sommes gouvernés par les mêmes principes politiques et jurisprudentiels et entretenons les mêmes conceptions fondamentales du bien, du mal et de la justice que parmi les hommes et entre les nations. La plus grande partie de l'histoire de l'Angleterre est notre histoire ; sa Magna Carta est notre Magna Carta, et les actes de bravoure immortels des Anglais, des Écossais, des Irlandais et des Gallois sont notre héritage et la source de notre inspiration. Nos cœurs ne peuvent donc que battre plus vite, jour après jour, lorsque nous lisons le splendide héroïsme et le noble sacrifice de soi de votre grande race.

À notre avis, la page la plus noble et la plus véritablement glorieuse de l'histoire de l'Angleterre a été écrite par Sir Edward Grey lorsque, au nom de votre gouvernement, Monseigneur, il a refusé de rompre la foi promise à l'Angleterre pour éviter d'impliquer son pays dans les plus grandes et la guerre la plus désastreuse de l'histoire du monde, une guerre à laquelle l'Angleterre n'était pas préparée, à laquelle Sir Edward et ses collègues savaient qu'elle n'était pas préparée, et qui menaçait et pourrait impliquer la ruine de l'Empire britannique. Il y a une noblesse et un caractère sublime, inexprimables par de simples mots, dans l'acte d'envoyer cette petite mais désormais immortelle armée britannique en Belgique en août de l'année dernière, pour affronter un nombre décuplé, mourir pour des étrangers - pour un simple « morceau de papier ». ", comme on appelait cyniquement et immoralement un traité, uniquement pour que l'honneur de l'Angleterre puisse rester inviolé. L'Angleterre n'a jamais été plus grande ni plus noble qu'en ce jour-là. La gloire qu'elle a alors acquise ne peut s'effacer. Messieurs, la race anglo-saxonne n'a jamais atteint une plus grande renommée que lorsque les hommes d'État britanniques d'aujourd'hui ont montré à une si grande échelle que l'esprit de la brigade légère de Balaclava est toujours vivant :

" Il ne leur appartient pas de raisonner,
mais d'agir et de mourir."

Et nous, Américains, étions alors plus fiers que jamais d'appartenir à la race anglo-saxonne.

L'Angleterre peut l'emporter dans cette guerre, ou elle peut échouer. Mais quoi qu'il arrive, quoi que décrète la Providence, votre héroïsme magnifique et désintéressé en vous élançant à la défense de la Belgique a ajouté à la renommée de l'Angleterre et à notre race une gloire qui n'a pas de prix et qui dépasse infiniment tout le coût de la guerre, une gloire qui vaut la peine de mourir, une gloire qui ravira et élèvera des générations d'hommes pour toujours, une gloire qui inspirera à jamais des actes de service patriotique et de valeureux sacrifice de soi, de chevalerie et d'honneur.

Bien que, Messieurs de la Commission britannique, la profonde sympathie de la grande majorité des Américains aille naturellement aux Alliés dans la guerre actuelle, nous souhaitons que vous retourniez en Angleterre en comprenant pourquoi nous devons loyalement soutenir la neutralité que le président des États-Unis a adoptée. proclamé. La politique de ce pays à l'égard des guerres européennes a été fixée en 1793. L'un des nombreux services les plus importants et les plus durables que le président Washington a rendu aux États-Unis a été celui où il s'est tenu fermement comme un roc contre les abus et les clameurs de cette époque. en maintenant et en faisant respecter la neutralité en faveur de l'Angleterre contre les exigences de ses ennemis d'alors. Nous adhérons constamment à ce principe depuis plus de cent vingt ans. Cela a été notre politique fixe et constante, non pas un football de politique, ou de propagande dans les journaux, ou d'émotions ou d'opportunités temporaires, mais le jugement sobre et la conscience de la nation. L'essence de cette politique est qu'il est du devoir de notre gouvernement, non seulement envers les générations présentes mais aussi envers les générations futures, d'éviter de se laisser entraîner dans les guerres européennes à moins que notre honneur ou nos intérêts vitaux ne soient impliqués. Pendant plus d'un siècle, nous avons invité les habitants de toutes les nations d'Europe à venir ici et à faire partie de notre pays, et nous les avons implicitement assurés de notre adhésion à cette politique traditionnelle de neutralité. Si, maintenant, nous devions également tirer l'épée, par sympathie et amitié sincères pour les Alliés, ou par indignation devant l'indignation de la violation de la Belgique, nous pourrions désormais nous retrouver constamment impliqués dans des conflits européens dans lesquels nous ne devrions avoir d'autre que un intérêt humanitaire et, par conséquent, trouvent les amis et les parents dévoués d'aujourd'hui les ennemis enflammés et acharnés de demain.

Monseigneur et messieurs de la Commission britannique, nous souhaitons que vous retourniez en Angleterre en réalisant à quel point la tâche de notre président est difficile et complexe. Dans notre système de gouvernement, lui seul peut parler au nom de la nation et nous engager dans nos relations extérieures, c'est à lui seul qu'est imposé le terrible fardeau de la responsabilité et du devoir, et le patriotisme nous commande, en tant qu'Américains, de le soutenir loyalement, quelle que soit notre attitude individuelle. opinions ou sentiments quant à des mesures particulières ou à des omissions graves. Nous voulons que vous reveniez profondément convaincus qu'en restant fidèles à notre politique de neutralité, nous ne sommes ni indifférents, ni insensibles, ni pusillanimes, ni mercenaires ; et que notre président s'efforce en notre nom de faire ce qui est juste, comme Dieu lui donne de voir ce droit, non seulement pour les Américains vivant aujourd'hui, mais aussi pour les générations futures dont nous sommes les administrateurs. Par-dessus tout, nous souhaitons que vous retourniez en Angleterre avec la ferme conviction que nous approuvons et louons sans réserve l'action noble et héroïque de l'Angleterre qui a dégainé son épée pour défendre la Belgique, et que notre sincère sympathie et nos meilleurs vœux vous accompagnent, ainsi que vos héroïques marins et soldats au front.

Messieurs, je vous demande de vous lever, de lever bien haut vos verres et de les vider en l'honneur des distingués représentants de l'Angleterre. J'ai le plaisir de vous présenter le très honorable Lord Reading, Lord Chief Justice d'Angleterre.

NOTES DE BAS DE PAGE :

[70] Allocution en tant que président d'un déjeuner donné en l'honneur des membres de la Commission anglo-française du crédit et des finances, à l'hôtel Knickerbocker, New York, le 1er octobre 1915.

[71] La France dans la Révolution américaine, p. 498 ; voir aussi l'introduction de l'Ambassadeur Jusserand, p. XV. L'exactitude de ces chiffres n'a pas été vérifiée de manière indépendante. Un examen des papiers de feu M. Perkins ne révèle pas la source de sa déclaration. Les archives françaises font état d'une dépense directe de 1 507 500 000 livres, mais ces chiffres n'incluent pas les paiements effectués à partir de 1783. Le professeur Marion du Collège de France estime que la dépense totale a probablement atteint 2 000 000 000 de livres. Marion, *Histoire Financière de la France, 1715-1789* , vol. Moi, p. 303, Paris, 1914 ; voir aussi Gomel, *Les Causes Financières de la Révolution Française* , vol. II, p. 36, Paris, 1893. Fiske, dans sa Période critique, p. 35, indique que la dépense s'est élevée à 1.400.000.000 de francs.

[72] M. Homberg a répondu en français, et M. Guthrie a ensuite poursuivi comme ci-dessus.